本书受南京农业大学金善宝农业现代化发展研究院专项经费资助

姜 姝 著

返乡创业群体研究

RESEARCH ON RETURNING HOME ENTREPRENEURIAL GROUP

社会角色重构及其价值实现

ITS SOCIAL ROLE RECONSTRUCTION AND VALUE REALIZATION

社会科学文献出版社
SOCIAL SCIENCES ACADEMIC PRESS (CHINA)

序

刚拿到书稿，一缕清新柔和的文风扑面而来。这是一部研究当代中国乡村“反磁力吸引体系”问题和返乡创业群体“怀抱现代化”问题的作品。作者是一位有志于学术的青年学者，她以简洁而细致、深入却不深奥的文字风格，“深耕”了中国乡村社会中蕴藏着的理论资源，更重要的是不求张扬所谓的理论。从文中“茶文化一条街”的“主体性回归”，到“90后小夫妻”的“情感共同体”，再到“村民理事会”中的“新乡贤角色”，对这些理论概念的洞察力和思考力都是源自生活本身、调研本身、问题本身。这本书中的理论细节远不是“灰色的”，它融会了跨学科、多视角、全景式的知识，也是生命之树之于学术敏感、自信和创造力的“长青”。

本书的另外一项特质是较好地“触摸”了时代背景，也就是文中多次界定的“新现象、新群体、新解释”之说。2016年，著名经济学家厉以宁教授就赋予了“城归”新的时代内涵，返乡创业群体的规模也一直在不断扩大。如何理解中国城市化进程中“向心与离心”的变化？如何理解中国国家战略对于城乡间“推拉力量”的影响？如何理解中国乡村社会的“后现代性内涵”？如果把握了这个时代背景，就可以发现，这本书中讨论的所有问题几乎都与这一点相联系了。只有清醒地意识到乡村振兴研究对于当代中国的深远意义，才能面向现实、面向田野、面向基层，才能使我们的微观研究始终保持一种宏观的气象，乡村问题研究才具有普遍而深刻的时代意义。

本书也是南京农业大学金善宝农业现代化发展研究院资助的专著出版项目系列成果。金善宝农业现代化发展研究院是江苏省首批九家新型重点高端智库之一，围绕着中国农业现代化进程中的全局性、战略性、前瞻性的重大理论和实践挑战，以“专家集体发声、鲜明政策导向、对接研究团队、学科交叉发展”四维度推动学校人文社科发展，努力在加快推进乡村振兴事业和经济社会发展中贡献智慧与力量。希望通过此项目的资助，进一步引导学校人文社科领域专家、学者更加注重实际、实例与实体研究，更加关注传统与现实的结合，更加注重研究的定点和定位，实现“弘扬传统和优势、对接古典和现实、破解农业现代化难题、繁荣人文社会科学”的发展目标，使得人才、团队、成果、学科、学术都能得到同步成长。

2019 年，习近平总书记在给全国涉农高校的书记校长和专家代表的回信中强调，要“以立德树人为根本，以强农兴农为己任，拿出更多科技成果，培养更多知农爱农新型人才，为推进农业农村现代化、确保国家粮食安全、提高亿万农民生活水平和思想道德素质、促进山水林田湖草系统治理，为打赢脱贫攻坚战、推进乡村全面振兴不断作出新的更大的贡献”。[①] 乡村振兴是实现中华民族伟大复兴的一项重大任务，在此希冀作者及学校更多的青年学人以“三农”问题研究作为未来相关研究的新起点，传承学校“诚朴勤仁”的精神谱系，瞄准学科最前沿、服务国家大战略、融入世界坐标系，为乡村振兴事业留下一组美丽的时代“剪影”。

是为序。

南京农业大学党委书记、金善宝农业现代化发展研究院院长

陈利根

2021 年 8 月

---

① 《习近平回信寄语全国涉农高校广大师生：以强农兴农为己任》，《人民日报》2019 年 9 月 6 日。

目　录

绪　论

第一节　研究缘起

一　研究对象

本书的研究对象是返乡创业群体，即原来生于乡村后在城市发展、又回归家乡的一群人，旨在研究这一群体的类型、回归方式、生存状态及其作为“新群体”的特色；进行社会流动的原因、发展动力及其演变趋势；这一群体对于乡村经济发展、文化建设、道德重建的意义。

返乡创业群体活跃于“城乡均衡发展”的时代背景中。乡村振兴等发展战略上的一系列顶层制度设计，在向社会释放土地、户籍、金融等多种多样的“乡土红利”，试图在城乡之间形成一种新的推拉力量，返乡创业群体就是在这一背景下产生了一定的规模效应。

返乡创业群体研究正成为“乡村振兴”战略研究的一个学术创新点。返乡创业群体的产生，是中国工业化、城市化发展进入中后期时，社会机体在自我调节中所产生的“向心与离心”的变化。“乡村振兴”战略的实施，对曾经外流的群体产生吸引力，提供发展资源和机遇，并为返乡创业群体提供政策导向。

返乡创业群体需要在与时俱进的理论框架下进行进一步解读。从马克思的“城乡融合”，到舒尔茨的“城乡发展理论”，再到赖特的“区域统一体”“广亩城市”，有必要以返乡创业群体为应用对象，对已有的理论框架进行新的现代性诠释。返乡创业群体这一现象，也是基于社会对现代性反思而产生的乡村“反磁力吸引体系”。

二　本书相对于已有研究的独到学术价值和应用价值

（一）捕捉城乡发展中的新现象并对其进行描述性分析

返乡创业群体研究则有利于认识这一现象的发生、发展规律，形成了一种新形势下的城乡“推拉”结构。返乡创业群体现象的出现是转型时期城乡关系重新配置的一种新社会生态。众多曾经从农村到城市打拼的“外来族”选择向农村回归——人们称之为返乡创业群体。返乡创业群体携带在城市打拼中积累的资本、技术、现代化经营管理理念和产业运作经验回乡创业，怀抱梦想和情感，为农村创造全新的生产组织模式，引进急需的创新因子，他们将在多种维度上重塑农村的政治、经济和文化生态。

（二）定位新群体的“位势”（结构、类型和作用）并丰富乡村“善治”内涵

对返乡创业这一新群体进行田野调研和理论阐释，有利于充分认识这一新群体的新发展形态。返乡创业群体正在形塑传统的道德与社会结构。随着乡村人口的重新聚集、返乡创业新社会群体的出现，既有的社会道德时序出现了断裂，因这种道德而支撑的乡情也日益改变其内在品质，并在社会成员中形成一种被称为“乡情背反”的社会文化现象。返乡创业群体的社会功能使建立在传统生产方式基础上的农村生活方式和农民的精神风貌也随之有了新的形态。

（三）保持乡村文化建设中的“乡土本色”并阐述返乡创业群体的价值和意义

返乡创业群体需要在传统与现代的张力中形成一种力道，即在乡村文化建设中保持文化的“乡土性”，在乡村社区复兴中培育“情感共同体”，在乡村组织建设中自塑“新乡贤”角色。返乡创业群体正成为重建乡村价值的重要力量。乡村社会在螺旋式上升的发展历程中进入了一个新状态、新格局、新阶段，新的阶段带来了新的挑战和机遇，农村的发展空间也空前广阔地展现在了人们面前，返乡创业群体将是参与重塑乡村价值和乡村意义的一支重要力量。

第二节　文献综述

自 20 世纪 90 年代以来，乡村治理中的文化维度研究语汇一直以高频率在政治文献、新闻传媒和学术活动中出现和传播，并且在政治学、社会学、管理学、伦理学、人类学等学科话语背景下得到了不断深入的思考与建构。超越乡村视野的返乡创业群体精英返村，给中国农村带来了新现象。在返乡创业群体精英治理实践中累积起来的治理经验，客观上有利于加快原有乡村治理模式的转型，本身也仍处于与乡村道德结构、精英政治和经济伦理等框架体系不断磨合与互动中。

有学者在研究广西博白县客家村落“乌鸦颈村”的文化变迁时，用的标题是：“从‘厅堂天下’到‘空心村’”，而厅堂是乌鸦颈村客家人祭祀祖先的场所、讨论族中大事的议事厅，也是宗族文化活动的中心，它是客家文化的重要空间载体。① 乡村空心化的实质是传统村落长期形成的社会网络的断裂。网络的断裂，将导致村落更多的人孤立，这样人们就难以获得依赖网络传播的信息和资源。② 在空心化的境遇下，“乡村振兴”从何谈起？“乡村振兴”战略又如何实施？

在中国乡村空心化的境遇下，却出现了一种令人振奋的“社会对冲”现象，这就是返乡创业群体的新现象。对此，在 2016 年底，著名经济学家厉以宁教授就提出，“中国正在悄悄进行一场人力资本的革命。”他说，过去只听说过“海归”，现在中国出现了“城归”（也即本书的研究对象返乡创业群体），也就是农村外出打工的人在外面工作了几年，认识了一些朋友，学会了技术，积累了一些钱，更懂得了市场怎么运作，然后回去干，因为家乡有用武之地。③ 在 2017 年 3 月的“两会”期间，厉以宁教授又重谈“城归”这一新现象，由此，“城归”群体成为 2017 年“两会”的热词之一。

从学术研究的角度看，“城归”一词最早于 2004 年由林修果与谢秋运两人提出，他们已开始关注“走上乡村政治前台的‘返乡创业群体’

---

① 李伟中、陈坤：《从“厅堂天下”到“空心村”》，《晋阳学刊》2009 年第 6 期。

② 苟天来等：《空心村社会网络的重建逻辑》，《广西民族大学学报》（哲学社会科学版）2012 年第 6 期。

③ 厉以宁：《城归将成为新的人口红利》，《理论与当代》2017 年第 2 期。

精英”。[①] 他们认为，一些人走出乡村到城市中拼搏发展并取得一定经济成就后，又返村参政，从而迅速走上村庄政治前台，已非个别现象，这些人就是“城归”（其命名灵感来源于“海归派”一词）。继这之后，返乡创业群体这一主题并没有获得学术界的足够关注。2016 年底，当厉以宁教授再次提出“城归”并赋予它新的内涵后，大众传媒对于返乡创业群体的关注度显著提升。

当前，以返乡创业群体的大规模流动为具体分析背景，将社会变革中的道德结构与社会生态进行“话语沟通”，成为农村政治文明中政治意识和政治文化研究的一个学术创新点，同时还包括一系列学术研讨会的召开、学术专著的出版与理论走向大众化等发展趋势。伴随着“乡村意义”和“乡情价值”这些核心概念的发酵，学术界的研究呈现以核心概念为理论轴心的向外不断丰富和增长的趋势，通过对乡情文化这一核心概念的梳理，结合相关理论框架进行整体分析与理论再造，从而探究中国农村政治文明和道德文化研究进程中的价值转换。

一　返乡创业群体与乡村道德结构

早在 20 世纪 30 年代，费孝通、许烺光、林耀华和梁漱溟等人均对中国乡村社会中的道德元素进行过研究。传统的乡村道德结构遵循了费孝通先生所叙述的“差序格局”，“好像把一块石头丢在水面上所发生的一圈圈推出去的波纹。每个人都是他社会影响所推出去的圈子的中心”。[②] 这一抽象层的概念实际上也是以具体层的道德秩序为基础的，若没有具体经验为基础，“差序格局”便不可能具有此种道德内涵。在梁漱溟看来，乡村社会中人与人之间的关系遵循着“伦理本位”的基本原则。[③]“伦理本位”社会中人以群分，依然保持由近及远、引远入近的可能性，难以形成团体性的对抗，从而也造就了中国“政治皆伦理”的特点。梁漱溟还提出，礼治秩序是传统乡村社会的理想形态。此外，许烺光关于宗族团结的论述，林耀华关于村庄内返乡创业群体间竞争与合作的描述，杨懋春关于村庄组织与领

---

① 林修果、谢秋运：《“城归”精英与村庄政治》，《福建师范大学学报》（哲学社会科学版）2004 年第 3 期。

② 费孝通：《乡土中国》，江苏文化出版社，2007，第 6 页。

③ 《梁漱溟全集》（第 3 卷），出东人民出版社，2006，第 35 页。

导更替的分析，杜赞奇关于纠纷调解的研究，都从道德层入手，讨论了村庄人与人的联结方式问题。赵文词分析了国家主导的土地关系调整，以及相应的革命话语所带来的返乡创业群体间联结方式的重大调整，新中国成立后的农民“翻身”现象成为关键词。此后，陈佩华等人合作研究了国家权力及道德利用政权组织网络及返乡创业群体间的竞争，向乡村社会渗透的过程，以及返乡创业群体的“顺从”与“反抗”对于社区道德及人际关系的建构作用。①

改革开放后，国家政策转型对返乡创业群体人际关系的挑战，也得到了初步探讨。在经济体制转型之后，市场的巨大影响重新显现，国外学界原有关于农户行为特性的讨论重新引起了村庄和研究者的重视，包括恰亚诺夫的生计小农说、斯科特的道义小农说和波普金的理性小农说。在国内学界，曹锦清等合作的“浙北”研究，将村庄、道德与市场建立了联系。之后，贺雪峰与吴毅等以乡村治理为切入点，涉及对道德建设的社会基础的研究。贺雪峰在分析村庄道德关系理性化的基础上，创设了“半熟人社会”和“村庄社会关联”等概念，用以分析新时期村庄治理中展现的村庄社会特性。王铭铭在考察社区史、仪式和地方政治关系过程中，探讨了道德理性对返乡创业群体形成相对性公私观念的影响。景军曾经在论述道德文化时，讨论了不同返乡创业群体采取不同策略重建两个庙宇，而获致完全不同的社会影响。以贺雪峰为代表的“华中乡土派”合作研究了乡村社会变革中政治运动、道德及返乡创业群体间关系建构问题，并结合其在实地调查中所获得的材料进行了追踪研究。②

综合来看，以上研究多少涉及政治、市场和文化对返乡创业群体道德生活的影响，或者可以冠之以一种“道德结构”来分析乡村的社会结构问题。“道德结构”具有多个层次的内涵，包括道德体系各个组成部分或诸多要素之间比较持久、相对稳定的相互联系模式，而不同学派对此的定义差别甚大。马克思主义所刻画的“结构”概念主要指阶级结构，而结构功能主义学派则从功能性体系、个体互动、社会分化或者思想性方面定

① 以上所引文献均转引自刘祖云、姜姝：《“城归”：乡村振兴中“人的回归”》，《农业经济问题》2019 年第 2 期。

② 以上所引文献均转引自姜姝：《乡风文明中的“道德焦虑”难题及其制度化解路径》，《南京农业大学学报》（社会科学版）2018 年第 6 期。

义社会结构。在中国乡村的道德结构中，经过大集体时代的国家权力渗透之后，又深深嵌入了现代市场经济，这种结构经历了剧烈的社会变迁，因而可以从三个层面得以理解：宏观层面指道德文化如何构成社会，中观层面指社会群体道德联结社会的方式，微观层面指个体之间互动的道德关系模式。

以上所有研究都或多或少地涉及了道德对返乡创业群体及团体联结方式的影响，并从不同角度、不同程度解释了其变化，其理论取向各异，而结合村庄道德结构特性方向进行具体社会现象研究进而提炼理论的努力较少。贺雪峰的论述与此取向较为暗合，但论述内容和论述过程依然略显单薄，其所创设的概念在后续研究中也未得到进一步探讨。可以说，前人已经就此论题打下了丰厚的理论基础，也存在再度发掘的空间。

二　返乡创业群体与乡村精英政治

返乡创业群体的研究还涉及乡村精英在村庄治理中的地位和作用，关注乡村精英所依托的村庄基础。返乡创业群体拥有经济、文化、社会等方面的优势资源，处于城市与乡村互动之节点上，有很强的内聚力和对村庄社会的影响力。同时，村庄精英与政治结构、道德文化预设目标的实现之间的关联，使关于村庄精英与道德结构的研究成为关注焦点。

国内学界一般认为，在村庄中具有比较优势（经济资源或者人际关系），拥有较高的社会地位和支配能力，对村庄的变化和发展具有较大影响的群体可以认为是乡村精英。贺雪峰认为当代村庄精英可以划分为传统型精英和现代型精英，金太军等采用了体制内与体制外或治理与非治理精英两分法。从道德目标来看，乡村精英并不是一个组织严密、目标明确、行动一致的群体，而是利益不同、层次不同、组织状况不同、目标不同、道德水准参差不齐、影响力大小有别的个体和群体，正因这些多角度的研究极大地丰富了对于以返乡创业群体为代表的乡村精英的认知。孙立平对于精英形成机制作了较为深入的研究，指出精英形成机制的内容一般包括精英再生产（theory of elite reproduction），强调精英之间的继替是精英集团内部的流动，即同样的一些人由一种精英向另一种精英的转化；而精英循环理论（theory of elite circulation），强调精英继替是一种此消彼长的过程，换言之，由于新的机会和可能性出现，在原来的非精英群体中形成了一批新的精英，而精英的生成是自我独立生成而不是通过精英集团内部的转化。[①]

美国学者帕累托曾经对精英无限流动和继替的过程进行了这样的描述："经过一个持续不断的过程，新的精英产生于社会的较低阶层，升为更高阶层，在这里登峰造极，然后，趋向堕落，被消灭或消失"，[②] 与这一精英更替过程相适应的就是"社会状况的缓慢转变和改良"。[③]

从中国农村的实际情况考察来看，新涌现的返乡创业群体精英代替落伍的旧精英进入村庄精英集团的现象显得更为突出，也更容易引起人们的关注。项辉等在研究返乡创业群体精英返乡参政进行返乡创业群体自治过程中，提出了新精英冲击了原有的村庄精英体系，使传统的乡村政治面临巨大挑战，而乡村社会传统而稳定的"伦理"本位制受到强烈冲击，从而有力地推动了乡村社会道德文化的变迁。[④] 王威海在精英返村参政中提出，这一精英群体有助于凝聚民心，增强现代性"社会关联"。[⑤] 马克思曾经把农民比作"袋装的马铃薯"，[⑥] 由于自身的局限性，很容易在村庄中形成一盘散沙的生存局面。而返乡创业群体精英之所以犹如一根磁铁棒，在这根磁铁棒的搅动下，这盘散沙就会重新富有聚集的冲动。返乡创业群体精英可以利用业缘、契约关系等实现村庄新型整合，采用滚雪球的方式，将村庄结成的各种"关系的关系"向外推展出去，依靠他们与外部的联系结成盘根错节的网络关系，这有助于乡土社会"差序格局"的重塑与现代社会契约关系的建构。

除此之外，对于返乡创业群体与精英政治的研究，还与农村城市化、现代化和工业化进程有关。在林修果、谢秋运看来，返乡创业群体精英具有更多的城市化冲动，走出了封闭的乡土社会，突破了狭隘的乡土意识，接触并熟悉了城市的文化和生活方式并且深受其影响。[⑦] 金太军提出，返乡

---

① 转引自刘祖云、姜姝：《"城归"：乡村振兴中"人的回归"》，《农业经济问题》2019 年第 2 期。

② 〔美〕詹姆斯·C. 斯科特：《农民的道义经济学：东南亚的反叛与生存》，程立显译，译林出版社，2001，第 1 页。

③ 〔美〕詹姆斯·C. 斯科特：《农民的道义经济学：东南亚的反叛与生存》，程立显译，译林出版社，2001，第 32 页。

④ 项辉等：《乡村精英格局的历史演变及现状"土地制度-国家控制力"因素之分析》，《中共浙江省委党校学报》2014 年第 2 期。

⑤ 王威海：《摆脱现代社会的两难困境》，辽海出版社，1999，第 39 页。

⑥ 《马克思恩格斯全集》第 4 卷，人民出版社，1995，第 92 页。

⑦ 林修果、谢秋运：《"城归"精英与村庄政治》，《福建师范大学学报》2004 年第 3 期。

创业群体精英自身的城市生活经历为农村人口的城市化作了有益的准备，在城市化的各种体制障碍一时难以消除的背景下，此种方式亦有其独特功效。①

三 返乡创业群体与乡村经济伦理

返乡创业群体精英是在城乡壁垒逐渐消融、农村社会分层逐渐加快、自身拥有较强开拓意识和较高经济收入的背景下回到农村的。他们本来已经离开了第一产业，进入了第二产业甚至第三产业，现在又凭借知识、经济资源、致富经验等回到家乡，作为一种新鲜的“外在力量”，在农村经济、社会和政治结构中算是“既赚了票子，又换了脑子”。研究返乡创业群体对乡村重建的影响，首先要对中国乡村和社会发展的历史和现实进行准确把握。费孝通先生曾经准确地把握了中国农村的基本问题是“人民的饥饿问题”，而返乡创业群体现象所提出来的一个现代问题是“返乡创业群体的幸福问题”。或者说，返乡创业群体现象带来的“经济伦理变迁”不仅是在现代商品经济浪潮冲刷下丧失自身特性（status）的变革，而且是影响中国乡村经济伦理演进的多种可能性。

对中国乡村经济的研究自20世纪初开始一直是中外学者关注的重要问题。美国学者考尔普（Daniel Kulp）详细分析了凤凰村的经济、婚姻与家庭、宗教、人口及社区组织的情况。卜凯详细分析了华南凤凰村的经济、婚姻与家庭、宗教、人口及社区组织的情况。费孝通在《江村经济》一书中，全面分析了村落经济发展中的各种要素，并以此分析中国乡村社会变迁的动力。其后，又有多位学者论证了中国小农经济顽强的生命力。黄宗智在《长江三角洲小农家庭与乡村发展》一书中指出，长江三角洲农村经济的商品化是以密集的劳动投入为代价换取的，是一种没有发展的“过密型增长”。②

由于苏南乡村的经济社会发展具有典型意义，所以学界对于乡村经济伦理的研究成果可以分为两类。其一侧重对于江南经济史的历史研究，比如李伯重、徐茂明、段本落、张佩国等。其二则是对苏南经济发展的实证

① 金太军：《村级治理中的精英分析》，《齐鲁学刊》2002年第5期。

② 以上若干篇文献均转引自王兴尚《论“经济人”的经济伦理德性》，《经济论坛》2004年第9期。

分析，尤其是独具特色的“苏南模式”，引起了理论界的高度关注。多数学者认为，在吴文化重商主义和功利主义道德传统的影响下，苏南农民形成了勤劳、精巧、务实和讲求秩序的经济价值观。

综上所述，乡村社会中的经济伦理研究仍然散见于各种“初步意识”中，有待人们给予充分的热点关注和理论研究。尤其是在现代性进村的年代，返乡创业群体自治的良性展开有赖于各项资源的有效配置积累，其中人力资源无疑是最为关键的一种。返乡创业群体精英返村，能够有效地利用业缘、地缘等关系带动其他返乡创业群体共同回村投资创业，从而加快以“民工潮”带出“创业潮”“开发潮”“建城潮”，形成所谓的“一潮带三潮”的“四潮并涌”新局面。

第三节 研究内容

一 研究思路

（一）概念类型：“自作主宰”的回归

返乡创业群体的定义需要满足以下几个条件：①“外来精英”在城市具备了以更加积极主动和开创性的方式参与经济建设的能力；②劳动密集型产业梯度转移、农村城镇化的快速发展；③农民工开始返乡创业，并且积极融入乡村。相对于某些“虚假的”回归，返乡创业群体在知识、技术、信息、市场、资源及财力等方面或者至少在某一方面是自由的，因此，他们是能够“自作主宰”的。

（二）理论基础：“社会知觉”的“再解释”

返乡创业群体对中国乡村问题具有深切的“社会知觉”。心理学研究表明，所谓“社会知觉”，是指人或社会对具有社会属性的事物、现象、事实等社会信息刺激的一种反映及其意义的认知。现实地看，返乡创业群体由于其独特的亦城亦乡的“两栖性”，以及漂泊于城、归根于乡的人生感悟，相比于知识阶层、政府管理者以及乡村留守者，他们对于“乡村问题”可能会形成更为深切的“社会知觉”，因此，他们也更愿意返乡创业。

（三）文化建设：保持“乡土本色”

返乡创业群体的种种新思想、新观念和新思维会推动传统的乡村社会由“熟人社会”向“陌生人社会”快速变动，出现角色属性的重建、文化及活动区域的变动。传统的乡土文化受到城市化、工业化与市场化的强烈冲击。但是，乡土文化的原发性、坚韧性使它与现代城市文化之间仍然能保持一种自然的张力关系，这就需要返乡创业群体以一种更具“主体性”与“领导力”的姿态回归乡村。

（四）社区复兴：培育“情感共同体”

“共同体”是特指“一个拥有某种共同的价值观、规范和目标的实体，其中每个成员都把共同的目标当作自己的目标”。[①] 返乡创业群体在社区复兴中要承接起乡村伦理关系传承的责任，在乡村建立起“情感共同体”。乡村从来都不仅是利益连接的场所，共同体关系可能建立在许多不同的情感性、情绪性或共同性的基础上。在一个整体内，没有情感的交流是不可想象的，情感成就了共同体家园般的感觉。

（五）组织重构：自塑“新乡贤”角色

在乡村振兴的语境下，返乡创业群体也必须借助乡村的各类组织来实现自己的任务、目标与价值。重构乡村组织应该是乡村振兴的重中之重。这种“组织重构”既包括正式组织，像基层党组织与返乡创业群体自治组织的重构，也包括非正式组织，即各种民间组织的重构，以在乡村正式组织与非正式组织之间形成合理的张力。

（六）影响、问题和对策：“政府主导、多元参与”的新格局

如果说，无论是“组织重构”还是“规范重构”都给返乡创业群体带来了自塑“新乡贤”角色的机会，那么返乡创业群体在返乡创业时遇到的资金不足、技术限制、“水土不服”等现实困境，则需要构建“政府主导、多元参与”的乡村建设框架，以解决返乡创业群体在城乡融合时的“短板效应”。

---

① 李义天：《共同体与政治团结》，社会科学文献出版社，2011，第9页。

二　主要思想

（一）“时”断与“序”裂共存的文化道德现象

在返乡创业群体的影响下，传统乡村社会的道德时序有了新的变化，甚至发生了某种程度的时序断裂。

（二）乡村意义和乡村价值的复兴与重生

这些来自城市，或者说城市文明与乡村文明碰撞后产生的新理念，又重回乡村，与乡村传统文化生活融合，假以时日，是可以形成新的发展阶段中乡村的独特风情的。乡村有了人、有了经济、有了文化、有了生活的气息，就不再是凋敝的象征，而是一种新生。

（三）“生活的道德”和“道德的生活”

有了新内涵，道德的舆论场也注入了新的物质性的解构性力量。

三　研究重点及难点

第一，研究在乡村社会的转型进程中，传统乡村社会结构和道德文化在深刻的社会变革中受到的冲击。第二，研究返乡创业群体所遭遇的精神困惑及其在乡村道德文化转型与变革中的作用。第三，考察“乡情背反”视域下，返乡创业群体对乡村文化治理的意义和价值。

突破点分析：第一，对相关地区和人物的跟踪观察和实地调研，第二，对城乡一体化相关著作的阅读和研究。

四　创新之处

伴随返乡创业群体现象的出现，“复合角色”和“推拉功能”反映了个体在传统与现代、城市和农村、市场与国家之间徘徊摇摆的一种内心渴望和需求。

一者，在学术思想上强调城乡社会的协调与共生。随着城市对乡村推拉力量的不断蓄积和爆发，返乡创业群体的大规模流动具有必然性，它体现城市与乡村两个生态有机群体的协调与共生。

二者，在学术观点上创新“推拉”理论的互动互构。考察此过程中传统乡村推力和现代城市拉力的互涉互动，尝试性地建构“政治共信、经济共享、社会共识、生态共荣、文化共存”五位一体的城乡共生关系。

三者，在研究方法上突出典型案例的深度剖析。课题组计划在苏南、苏北、苏中选择典型的调研观测点，进行深入的实地调查和补充调查，对未来返乡创业群体的进一步研究具有指导意义。

五　研究方法

（一）文献研究和田野调查相结合

通过阅读乡村治理相关文献及其田野调查和访谈，对返乡创业群体现象在乡村道德重建中的活动和影响进行研究，做到有点有面、史论结合。

（二）历史与逻辑相结合

探讨返乡创业群体在社会变革和时代变迁中对新乡情构建的作用，考察此阶段传统文化和新乡情的互涉互动。

第一章　缘起：返乡创业群体概说

第一节　定义：新现象、新群体、新解释

一　返乡创业群体新现象

有关统计资料显示，我国近些年来农民工返乡创业累计达到了450万人，还有约130万居住在城镇的科技人员、中高等院校的毕业生等下乡创业。[①] 2016年以来的有关数据显示，中国返乡创业群体人数大约已占4000万外出农民工的1/4，并且这一群体的规模还在不断扩大。在当下中国社会现代化发展进程中，返乡创业群体已演化为一种新现象；作为一种现象，它又“新”在何处？

笔者认为，以“倾向于乡村的姿态”，提升了“乡村人气”，并成为“归雁经济”，就是返乡创业群体所引领的新现象。

第一，返乡创业群体是人口及人力资本从城市向乡村回流，且具有“逆向城市化”的特征。当然，这一“新现象”只是相对于改革开放以来大量农村人口单向涌入城市这一现象而言的。中国的社会发展是否进入“逆城市化”阶段，学术界尚有争议，有的认为那只是一种“伪逆城市化”，有的认为只有部分超大城市进入了“逆城市化”的阶段。当撇开这些争议，去看返乡创业群体这一现实时，我们却发现它具有“逆城市化”的诸多特征，比如，①人口从集中度高的地区向集中度低的地区转移；②人才资源从城市区域向乡村区域转移；③以人为核心的城市文明向郊区与乡村社会扩散。这三个特征表明，中国社会的人口与人力资本流动的价值取向已发

---

① 王浩：《农民工返乡创业人数达450万人》，《人民日报》2016年12月2日。

生了实质性变化，也正如2016年12月23日《农民日报》撰文认为的那样："与以往更加倾向于城市发展、工业发展的人口红利概念不同，'返乡创业群体'是以一种更加倾向于农村的姿态呈现的。"①

第二，返乡创业群体聚集了乡村的"人气"，冲淡了"三留守"、空心化与老龄化的乡村衰败景象。"人气"是中国文化中一个独特的概念。早在春秋战国时期，董仲舒在《春秋繁露·天地阴阳》中就说："人常渐是澹澹之中，而以治乱之气，与之流通相淆也。故人气调和，而天地之化美。"②在《庄子·人间世》中也说："德厚信矼，未达人气。名闻不争，未达人心。"而我们今天所言的"人气"，基本上是从这些古语中引申与演变而来的，它主要指三个方面的含义：①形容人多而形成的某种热闹、欢快的气氛；②有生命气息的人因集聚而达成的积极氛围；③人们对事物发展具有信心的状态。以此观之，空心化的乡村没"人气"，这是有目共睹的。因为，在空心化的村庄里，触目所及的都是老弱妇孺；而村庄老龄化、女性化、儿童化的趋势明显。在这一境遇下，已有许多媒体开始撰文把乡村振兴与聚集"人气"关联起来，而此时返乡创业群体的出现，恰恰起到了聚集乡村"人气"的积极作用。这是因为，返乡创业群体大多数具有以下三个特点，一是年轻力壮，二是人生态度积极，三是事业有成。因此，返乡创业群体可以通过聚集乡村"人气"以提升乡村振兴的信心。

第三，返乡创业群体在乡村的"归雁经济"中成为"返乡创业群体领头雁"。对于返乡创业群体，有媒体又把它称为"归雁"，与之对应的乡村经济的发展就被称为"归雁经济"。据山东《菏泽日报》2017年11月21日报道，29岁的高先生是东明县长兴镇高庄村一位返乡创业的青年农民，他注册了家庭农场，申请注册了商标。在他的带动下，周边村庄20多个农户搞起了大棚种植。曹县大集镇丁楼村的任先生，带动全村90%的农户开设了淘宝店铺。大集镇从2009年的1家网店，发展到2016年2万多家，淘宝村从1个发展到27个，成为全国第二大农村淘宝村集群；同时，电商的兴起带动了产业链的迅速延伸，两年时间有18家快递公司驻村设点，2万多

① 王西玉：《"城归"群体的喜与悲》，《农民日报》2016年12月23日。

② 转引自刘祖云、姜姝：《"城归"：乡村振兴中"人的回归"》，《农业经济问题》2019年第2期。

农民投身淘宝大军，创造了农村淘宝的“大集模式”与农村电商发展的“菏泽速度”。2016“双11”全天，通过各种电商平台，菏泽市电商交易额达26.4亿元，其中农村电商占全市交易额的45%。在乡村“归雁经济”发展中，返乡创业群体真正成了“领头雁”。

二　返乡创业新群体

据《遵义日报》2017年12月21日报道，遵义市汇川区返乡农民工从2013年的6000余人上升至2016年的4万余人，创办各类企业7828家，累计带动就业近4万人。汇川区实现了从过去的“农村劳务输出大县”到“农民返乡创业试点县”的华丽转身，相继入选国务院第二批“双创”示范基地和全国“双创”百强区。2016年以来，我们在各类媒体中都可以看到这样具有一定规模的“返乡”群体所产生的社会影响力。在笔者看来，返乡创业群体已不限于一种现象，而成为一个新的社会群体了。也正是因为看到这一群体的力量，经济学家厉以宁才赋予它“乡村新的人口红利”“乡村人力资本革命”的高度评价。那么，返乡创业群体作为一个新群体，它又新在何处呢？

第一，返乡创业群体对中国乡村问题具有深切的“社会知觉”。心理学研究表明，所谓“社会知觉”，是指人或社会对具有社会属性的事物、现象、事实等社会信息刺激的一种反映及其意义的认知。[①] 因此，社会知觉应该包括三个方面内容：一是社会信息的刺激；二是人或社会对这一信息意义的认知；三是人或社会对认为有意义的信息的进一步加工。比如，改革开放以来，乡村问题再度成为社会知觉的焦点，这里就包含三方面内容，一是乡村问题成为具有社会属性的“刺激物”；二是人或社会对于乡村问题意义的认知，即它可能的危害是什么；三是对乡村问题可能危害性的进一步加工，这里就涉及人或社会的行动选择了。现实地看，返乡创业群体由于其独特的亦城亦乡的“两栖性”，以及漂泊于城、归根于乡的人生感悟，相比于知识阶层、政府管理者以及乡村留守者，他们对于“乡村问题”可能会形成更为深切的“社会知觉”，因此，他们也更愿意返乡创业。

第二，返乡创业群体对于乡村建设具有积极的参与意愿。这一积极的参与意愿，主要有三个原因。一是家乡的“空间粘性”。尽管外出打工者在

① 周爱保：《过去经验对内隐社会知觉的影响》，《心理学报》1998年第2期。

城市里打拼与经营了多年，但是，他们融入城市社群还存在诸多障碍，因此，当外出打工者在城市的打拼中积累了一定的经济能力后，基于恋土、恋家的“乡土情结”而愿意返乡就业或返乡创业。二是追求“经济计算利益”的最大化。据王西玉[①]等人的实证研究，返乡创业者的收入大致两倍于非创业者的收入，也高于其预期的城市打工收入。同时，创业分散了风险，在家庭其他劳动力仍然经营土地的情况下，收入渠道增多，自然减少了风险。三是实现更高的人生价值。在城市人力资源集中、就业压力增大、创业机会饱和的背景下，乡村却处于一种相反的情境；再加上，国家在顶层设计上推出“创新创业”与“乡村振兴”的政策利好，乡村为返乡创业群体实现自己更高的人生价值提供了非常利好的空间。这样，返乡创业群体既获得了“里子”又赢得了“面子”，可谓“名利双收”。

第三，返乡创业群体对于乡村振兴具有一定的行动力与领导力。这主要体现在三个方面。一是在经济发展上，返乡创业群体具有从城市向乡村的“反向输血”能力。在城市的多年经营中，返乡创业群体多多少少积累了参与社会生产过程的经验、知识、信息与资本，而这些要素是空心化状态下的乡村最需要的再生产要素。二是在文化建设上，返乡创业群体具有的优势是：他们具有以人生成功为背景的积极而乐观的“三观”，具有以城市生活为基础的现代文化意识，这两个元素对于乡村文化建设意义重大。[②]三是在乡村治理中，返乡创业群体具有一定的领导力与号召力。事实上，乡村被严重掏空的是具有领导力与号召力的“乡村贤达”的流失。许多案例都显示：返乡创业群体在某些领域、某些方面已实质性地培植出一种新的领导力与号召力。

三　返乡创业群体新解释

返乡创业群体作为一种新现象、新群体的出现，绝不是偶然的。那么，如何理解这一新现象与新群体？笔者拟从三个方面予以解释。

第一，返乡创业群体的产生，是中国工业化、城市化发展进入中后期时，社会机体在自我调节中所产生的“向心与离心”的变化。社会作为一

① 王西玉：《“城归”群体的喜与悲》，《农民日报》2016年12月23日。

② 《马克思恩格斯选集》第3卷，人民出版社，1995，第215页。

个系统的存在，恩格斯在论及城乡关系时曾断言：“消灭城乡对立不是空想，不多不少正像消除资本家与雇佣工人的对立不是空想一样。”[①] 消灭这种对立日益成为工业生产和农业生产的实际要求，而要适应这种要求，首先，人应当把取自土地的东西还给土地；其次，使人口尽可能地平均分布于全国。在这里，恩格斯事实上是揭示了“人口均匀分布是工农业生产的客观要求”[②] 这一规律。在中国工业化与城市化发展的中早期，大量人口涌入城市是社会系统的一种自我调节机制。这一调节机制是基于城市人力资源短缺、农村人力资源过剩的事实，因此，城市的向心力远大于其离心力。而今天具有逆向城市化特征的返乡创业群体，也是社会系统在人口流动上的一种自我调节，这一“调节机制”是通过向心力与离心力的转换来实现的。换言之，在中国工业化、城市化发展的中后期，社会系统降低了城市的向心力、增加了城市的离心力。

第二，返乡创业群体的壮大，是由于国家战略、中央顶层制度设计形成了新的城乡间的“推拉力量”。在改革开放之后一个较长时段内，中国多数乡村呈现的是“流出性的衰败”，农村的生产要素只有单向流出。詹姆斯·C. 斯科特在考察了东南亚乡村的这一情景后，不无忧虑地说：“有些农村的境况，就像一个人长久地站在齐脖深的河水中，只要涌来一阵细浪，就会陷入灭顶之灾。”[③] 中国乡村的这一发展状况必须得到改变，尽管如上文所言，社会系统及其机体有其自我调节的能力，但是必须施以外力，以尽快地改变这一状态。对此，中央政府在精准扶贫、乡村基础设施、特色小镇、乡村特色产业化以及乡村振兴等发展战略上的一系列顶层制度设计，在向社会释放土地、户籍、金融等多种多样的“乡土红利”，试图在城乡之间形成一种新的推拉力量。而返乡创业群体就是在这一背景下产生了一定的规模效应。

第三，返乡创业群体这一现象，也是基于社会对现代性反思而产生的乡村“反磁力吸引”的作用。在城市规划学中，把大城市对人口的吸引称为“磁力吸引”，把摆脱这一磁力吸引而采取的措施，称为“反磁力吸引体

① 《马克思恩格斯选集》第 3 卷，人民出版社，1995，第 215 页。

② 《马克思恩格斯选集》第 3 卷，人民出版社，1995，第 215 页。

③ 〔美〕詹姆斯·C. 斯科特：《农民的道义经济学：东南亚的反叛与生存》，程立显译，译林出版社，2001，第 1 页。

系”，前文中所言的增加“乡村的向心力”、提升“乡村的拉力”等制度与政策措施都属于“反磁力吸引体系”。笔者认为，在后现代性思潮下，基于对现代性的批判与反思而察觉到的乡村的“后现代性内涵”，就势必成为乡村针对城市的“反磁力吸引”；这其中，主张中国建立“后现代农业”文化，就是从文化建设的角度来增加乡村的“反磁力吸引”。比如，后现代农学家大卫·弗罗伊登博格曾经指出：“对于中国来说，挑战在于，要从自己过去和当前的那些高度污染能源和侵蚀土地的非持续性做法中吸取教训。挑战还在于创造一种后现代的‘农业文化’，其中有数百万的受过良好教育的富裕农民参加。而不应该是由少数人依靠矿物燃料、肥力枯竭的土地和大量的资金来经营一种‘单纯商业’。”① 这是因为，在后现代主义的视角下，乡村的功能已由单纯的生产转向了生产、生活与生态的多项功能；乡村的生活与生态功能对于单一化、格式化、工业化、机械化的城市文明，无疑极具“反磁力吸引”作用。

第二节　背景：城乡之间的“反向流动”

一　地理与空间意义上的劳动力转移及人口流动

作为一种新的社会现象，返乡创业群体最直观的表现即意味着在地理与空间意义上的劳动力转移以及带来的人口流动。从时间维度来看，改革开放以来，中国社会进入人力资源流动阶段，人口大规模、高频率、快节奏的流动不仅是其最重要的变化，也是这种变化的结果。几十年来，农村劳动力外出就业规模一直在持续扩大，据统计 2018 年全国外出就业的农村人口总量已达到 27395 万人。②

今天看来，农村劳动力已经进入全国性、全行业性的成熟配置阶段，同时这种人力资源的社会配置更加受到市场、资源等功利性因素的引导。人口要素的流动，不仅作为最活跃的生产要素推动城乡经济社会一体化格

① 〔澳〕大卫·弗罗伊登博格：《中国应走后现代农业之路》，周邦宪译，《现代哲学》2009 年第 1 期。

② 国家统计局：《2018 年全国农民工监测调查报告》，http：//www.gov.cn/xinwen/2019-03-29/content2854930.htm，2019 年 3 月 29 日。

局的形成，而且还引发了非常深刻的社会变革，即劳动力的行业和职业构成、人口的城乡分布及社会的阶层结构都在发生变化。换言之，作为市场经济的重要资源，农村劳动力的流动并不总是单向地向城镇流入，而返乡创业群体则代表一种“反向流动”，即产生了一种新的现象——流入城镇的人口重新返回农村发展和生活，即出现了人口集中度由高到低转移、人才资源由中心向边缘扩散，以及乡村以人为核心的“人气指数”不断浮动的诸多特征。可以说，返乡创业群体是人口及人力资本从城市向乡村的回流，它具有明显的“逆城市化”特征，也预示着中国社会的人口与人力资本流动的价值取向在悄悄地发生变化。在谈及返乡创业群体这一现象时，有学者就认为，在将来相当长的一个时期内，中国农民将维持一种“半农半工”的就业方式。①

返乡创业群体是一种“逆城市化”的城乡人口的“反向流动”。这一反向流动，我们可以从以下三个方面进行解读。

第一，返乡创业群体是一种地理和空间意义上的“回归”，即它是人口从集中度高的地区向集中度低的地区转移。国务院公布的数据显示，近年来我国农民工返乡创业人数累计达到450万，还有约130万居住在城镇的科技人员、中高等院校毕业生等下乡创业创新。近些年，参与社会流动的主体是那些曾经被城市经济发展所吸纳的乡村人口。人口的反向流动，以及随着人口回流而形成的城市资源重新“注入”乡村的现象，从某种意义上在重构中国城乡二元隔离的境况，它对于填平“城乡鸿沟”具有积极意义。

第二，返乡创业群体会带来乡村新的“人口红利”，这又进一步增强了乡村对外出人员的吸引力。乡村也在发展与进步，乡村旅游的发展、乡村产业的发展，使中国传统的乡村在生产与生活的许多层面上越来越趋向便利化与现代化，在这一背景下，外出务工人员在情感上也会选择一种“倾向于乡村”的姿态，而乡村的民俗传统和地方特性可能会加剧这种“乡村的向心力”，因为就每一个村庄而言，作为一个自在的社会系统，都会历史地形成其独特的传统或“本性”。在城市奔波的务工人员、走出乡村的经商者和企业家、通过读书“跳出农门”的大学生等群体的回归乡村，也是“以城带乡、以工支农”的一种实践措施。

① 厉以宁：《返乡创业群体将成为新的人口红利》，《理论与当代》2017年第2期。

第三，返乡创业群体直接提升了乡村的“人气指数”，它可以有效地对冲“乡村空心化”现象。“人气”原是中国传统文化中一个独特的概念，它是指，因人口的集聚效应而达成的一种积极的社会氛围和个体的自信状态。中国传统的乡村，都是基于一定的人口规模而历史地形成的、具有一定“人气”的社会自组织与自运行系统，而对于这一村庄系统最具破坏性的就是村庄年轻人口的外流而造成的“村庄空心化”现象。笔者在参与《江苏新农村发展报告（2017—2019）》的调研过程中，曾连续聚焦返乡创业这一群体，并且调研过 6 位返乡创业群体主人公的案例。

据笔者观察，今天的返乡创业群体，大致具有以下一些基本特征：在年龄结构上大多数属于青壮年，在某一领域具有专业化的一技之长或经营能力，在经济上具有一定的财富能力，当这些人回归乡村时，他们可以起到聚集乡村人气、提升乡村信心的作用。在笔者的访谈中，有些返乡创业群体年轻有为、视野开阔、信心十足，很多在村中都属于“明星级”人物，他们的身影活跃在田间地头、村头巷尾，对冲了“三留守”、空心化与老龄化的“乡村之痛”。

二　返乡创业群体蕴含乡村生产方式的变革

在一定的社会结构中，生产方式反映了一定社会的生产力水平和市场元素的配置状态。任何一种社会的物质生产过程，都由 4 个方面因素组成：①生产资料与劳动者的结合；②生产的工艺技术；③个别劳动之间的社会结合；④经济管理。

在传统意义上，精英政治是中国基层治理的常态形式和主要力量，而乡村精英群体的主要成分是农村知识群体、传统乡绅和致仕归乡的官员等。与之相应的传统农业生产方式是以个体劳动和私有制为基础的，其经济形式表现为，生产技术落后、生产规模狭小、生产过程缺乏分工与协作、家庭生活自给自足式等模式。在本质上，这种生产形态就是人力资源的固态化、静止化——一种缺少以市场和生产为导向的劳动力功效的最大化及其自由流动。改革开放彻底解放了农村劳动力，这种固态化、静止化的劳动力配置形式被逐步打碎，并实现了以经济效率为导向的人口向城市的大规模流动。

以纯粹的市场为主导的人口流动虽然解放了劳动力，实现了劳动力价值的最大化，却不是最优化，因为这是以农村发展的滞后、区域发展的失衡为代价的。当今返乡创业群体现象的出现，带来了乡村生产力的转型与生产规模的扩大，乡村的各类资源再一次被利用与激发，这不仅延长了生产的产业链，也促进了农村现代生产方式的建立与完善。这种人力资源的配置即从社会效能的最大化向“最优化”的方向发展。

首先，返乡创业群体在经济层面的流动，丰富了传统农业单家独户的耕作方式，创设了市场经济与小农经济有机融合的产业发展模式，对新时代的中国“三农”发展具有潜在的激励作用。返乡创业群体能够将现代技术、生活方式以及精英理念有效地引入乡村的生产活动中，可以提高农业效益及产品的竞争力，可以催生乡村的新业态，并激发乡村生产要素的充分流动。即使在长三角这样乡村相对发达的地区，返乡创业群体带来的产业创新和经济增长也是一个新的社会现象。比如，返乡创业群体返村的现象，能够有效利用业缘、地缘的优势带动返乡创业群体共同创业，以“民工潮”带出“创业潮”“开发潮”“建城潮”，并形成“一潮带三潮”的“四潮并涌”新局面。[①]

其次，在传统向现代城市文明方式转型的时代背景下，返乡创业群体有助于打破个体农民规模狭小的小农生产方式，“使农业合理化，从而第一次使农业有可能按社会化的方式经营”。[②] 这种由返乡创业群体而产生的新的生产方式，不仅是社会劳动力生产的测量器，也是劳动借以展开的社会关系的指示器。在新的生产方式导向下，乡村工业化、城镇化与农业现代化进程得到加速，以工促农、以城带乡的长效机制也会不断被建构。

最后，返乡创业群体既不同于传统的“乡绅精英”，也不同于现代的“富人治村”，他们怀揣在城市中积累的资本、技术、现代管理经验和产业经营能力回乡创业。因此，它的意义并不仅仅意味着人力资源的地理与空间意义上的回归，而是代表乡村社会生产能力的提高，也意味着城乡人力资源配置功能的进一步优化。

三　返乡创业群体：重构乡村及营造“新乡情”

从本质上来看，返乡创业群体是乡村人力资本的“回归”，这一“回

---

① 李艺：《双创为乡村振兴添动力》，《当代广西》2018 年第 16 期。

② 蔡昉：《中国人口与劳动问题报告》，社会科学文献出版社，2011。

归”意味着给乡村人际关系注入了许多新的社会元素，即返乡创业群体触发了乡村文化的新思维，也给乡村带来了种种新思想和新观念，这些积极的元素都在推动乡村社会的自我完善和更新。

第一，在返乡创业群体中，有村庄农业生产合作社的负责人，有众望所归的返乡创业群体村支书，也有“新官上任”的大学生村官等，但是，从人数上来看，更多的还是那些经过城市现代经济塑造的众多普通劳动者。回归后，他们承担了村庄经济发展、社会治安、纠纷调解、乡村教育、交通设施等公共品的供给责任，正如一位学者所言：“他们与家乡的关联是永久性的，从而造就了他们对家乡的情感依附，他们似乎感到他们有责任捍卫和促进本地社区的福利。”① 同时，返乡创业群体也因城市生活新思维、新理念的引入而丰富了乡村“返乡创业群体自治”的制度设计。因此，返乡创业群体这一现象，既反映了农村劳动者这一群体在城市经济大潮下的游刃有余，也反映了这一群体以一种“主体性方式”真正地回归到乡村经济发展的宏伟大业中。

第二，返乡创业群体为乡村发展带来了城市现代化的文化认同，正如李培林所言，返乡创业群体具备更加丰沛的城市化冲动，能够突破乡土社会的狭隘性和封闭性，他们接触并熟悉城市的文化和生活方式并且深受其影响。返乡创业群体的城市生活经历为农村人口的城市化作了有益准备，在城市化的各种体制障碍一时难以消除的背景下，此种方式亦有其独特功效。② 曾经有学者提出了“经济、社会、心理”三个依次递进的层次来研究人口流动问题，并且提出文化认同是融入的最高等级。事实上，乡村的现代化并不仅仅意味着乡村的机械化，而是包含乡村人的精神风貌与生活方式的现代化变革。返乡创业群体的回归，正是一种将现代精神引入传统乡村生活的有机力量。

第三，返乡创业群体是一种“留恋性回归”，这一群体的回归带来了乡村人际关系的变化，从而塑造了一种“新乡情”。乡情，是一定社会区域内

---

① 刘祖云等：《由“碎片化”走向“组织化”——中国新农村建设的战略构想》，《社会科学》2007 年第 6 期。

② 李培林同时还提出，返乡创业群体精英自身的城市生活经历为农村人口的城市化作了有益准备，在城市化的各种体制障碍一时难以消除的背景下，此种方式亦有其独特功效。转引自李培林《“逆城镇化”大潮来了吗》，《人民论坛》2017 年第 3 期。

群体之间的关系、生活方式与文化传统及情感上的相互认同，它支持群体关系的相对稳定性和生活道德的一致性。[①] 这种“新乡情”的相互认同性，非常类似阿尔蒙德“政治文化说”中的政治认同。阿尔蒙德曾经把政治文化理解为，“由经验信念、表达符号和价值系统组成，它赋予体系的运作以秩序和意义，限定了体系行为所发生的情势，为体系提供了主观导向”。[②] 由此可见，返乡创业群体在乡村“社会场”中营造了一种“新乡情”，主要是对乡村生活和乡村关系进行新的情感体认和心理认同。

第三节　原因：源于城乡间的“回归”力量

所谓“回归”有多重内涵，它意味着社会主体从退出或半退出当下的生存方式，到重新回到原有的生存状态，并重新安排自己因生活状态改变而带来的多重的、系列的结构性变化，以重新建立起一种新的社会平衡。从空间意义上看，这种“回归”是对城乡之间推拉力量的反映。返乡创业群体作为一种人的回归，也体现或遵循人口流动中的“推拉原则”，即乡村产生了新的拉力，乡村的吸引力在增加。“推拉原理”最初源于英国的雷文斯坦（E. Ravenstien）对社会流动现象的理论解释，主要观点来自他在 1880 年发表的题为《人口迁移之规律》的文章。他调查了 19 世纪英国境内的流动人口迁移情况，从中总结出 7 项人口流动规律。之后，学者巴格内（D. J. Bagne）对于“推拉理论”进行了进一步阐释，即人口流动由两股“推拉”力量形成合力，人口流动的目的是改善生活条件，流入地那些有利于改善生活条件的因素就是拉力，而流出地不利的生活条件就是推力，人口流动就由这两股力量前拉后推所决定。[③]

作为一种动态的分析范式，借用“推拉理论”能够对返乡创业群体现象给予新解释。“推拉理论”运用在中国的城乡关系分析中，能够反映在城市和乡村之间的人口流动是如何被两股推拉力量所左右的。改革开放初期，

---

① 刘祖云、刘传俊：《后生产主义乡村：乡村振兴的一个理论视角》，《中国农村观察》2018 年第 5 期。

② Almond，G.，“Comparative Politics System”，*The Journal of Politics*，1956（18）：396.

③ 转引自刘祖云、姜姝：《“城归”：乡村振兴中“人的回归”》，《农业经济问题》2019 年第 2 期。

当这个“舶来品”进入中国学者的视野时，流动人口问题正受到学者们的广泛关注，推拉理论提供了一种较为全面具体的解释范式，其解释力得到广泛的认同，并应用于人口流动现象中。学者们普遍认为，推拉理论是对人口流动动因解释最为全面综合的分析依据，因此学术界大量引用推拉理论来概括总结我国人口流动的特点，分析农民工定居决策、城镇化等现象。不过，有学者敏锐地觉察到人口流动的多样性和复杂性问题，不能一概而论为推力和拉力，并开始探究政策和制度在人口流动中的作用，同时传统地将城乡差距和收入不均视为决定性的推拉因素的观点也受到质疑，推拉理论在这些质疑中生发出新的内容。

本书对于推拉理论的新解说借鉴了物理学的研究方式，形象地把影响人口流动的因素概括为推力和拉力，把人口流动归结为一种推力和拉力互相作用的过程，是一种简明清晰、通俗易懂的解释框架。在今天城乡间的人口流动中，原有的“城市拉力”与“乡村推力”正在悄悄地发生变化，因为乡村可以提供更好的“创业条件”和“发展空间”，而城市生活中的“城市病”与“空间隔离”等社会孤立的情感生活则势必会产生一种向外的推力，这样在城乡之间就形成了一种新的推拉力量，从而带来了群体返乡创业的现象。

一　“双创”的政策利好，增强了乡村的吸引力

2016 年 12 月 1 日，国务院发布《关于支持返乡下乡人员创业创新促进农村一二三产业融合发展的意见》，对于促进返乡创业群体在农村开展“大众创业、万众创新”和乡村经济发展增添了新的动能和活力。在“鼓励更多社会主体创新创业，拓展经济社会发展空间，加强全方位服务”的背景下，国家政策的扶持力度越来越大，政策环境越来越完善，乡村“双创”呈现较大的利好局面，乡村发展也拥有了更好的机遇与市场。据统计，2018 年中国乡村的种养大户、家庭农场、农民合作社等新型经营主体蓬勃发展，总量已达到 290 万家，农村的经纪人、供货商、分销商、共享农庄等大量涌现。绿色优质农产品、休闲旅游观光、农耕文化体验为农村“双创”带来了无限商机，2018 年全国乡村旅游接待游客近 21 亿人次，营业收入超过 5700 亿元，从业人员 845 万，带动 670 多万户农民受益。这些数据反映了国家政策导向为乡村经济与社会发展带来了更为利好的发展空间。

有学者提出，“休闲农业和乡村旅游本质上是要赚城市人‘乡愁’的钱，借城市人对田园风光、风土人情的好奇来吸引城市人消费”。[①] 在这一背景下，返乡创业群体完善了市场经济和小农经济相结合的乡村产业发展模式，提升了乡村经济的整体效益。返乡创业群体并不同于杜赞奇所描述的“赢利型经纪人”，而是能够形成乡村经济发展中的“归雁经济”势头，所谓“归雁经济”，是指由一个返乡创业群体或多个返乡创业群体引发的乡村产业链延伸与发展的经济模式，而返乡创业群体肯定承担着“归雁经济”的“返乡创业群体领头雁”角色。有研究认为，由返乡创业群体领衔的“归雁经济”，在城乡关系中一直扮演一种利益相关者的角色。有多个案例证明，在“农村淘宝”和“大集模式”中，返乡创业群体真正成了“返乡创业群体领头雁”。[②] 因此，返乡创业群体拉动诸如产销对接、现代农业和产业转移的经济活动，尤其是在地域相对闭塞落后、市场观念比较淡薄的乡村，返乡创业群体身上所折射的创新精神是推动乡村经济发展的主要动力。

二　乡村振兴战略：为“乡村拉力”增加了力度

一般而言，在具体政治实践过程中，国家战略要想得到最广泛的社会共识与支持，做出某种“政治宣示”是一个最好的手段。[③] 党的十九大报告提出“乡村振兴”战略，就是一次典型的“政治宣示”。近年来，中央决策层高度关注农业、农村、农民问题，始终把解决好“三农”问题作为全党工作的重中之重。这一政治宣示坚持农业农村优先发展，按照产业兴旺、生态宜居、乡风文明、治理有效、生活富裕的总要求，加快推进农业农村现代化。笔者认为，乡村振兴战略的提出，意味着中国社会发展进入一个“战略拐点”，即中央决策层通过这一政治宣示，表达了中国的社会发展战略已发生根本性转变，即由原来重视城市经济与社会发展将转向同时重视

① 林世昌：《生产方式的结构及其变革的规律性——论〈资本论〉中的生产方式理论及其意义》，《马克思主义研究》1987 年第 1 期。

② 贺丹：《新时代乡村人口流动规律与社会治理的路径选择》，《国家行政学院学报》2018 年第 3 期。

③ 雷洪、赵晓歌：《“城归”现象：主体特征、形成机理与生成逻辑》，《河南师范大学学报》（哲学社会科学版）2017 年第 4 期。

城市与乡村共同发展，也更加注重城乡平衡发展的战略导向。而这一乡村振兴的国家发展战略，在客观上为已存在的“乡村拉力”增加了更多的支持力度。

多种原因而形成的城乡间的长期分治，其结果是城乡差距越来越大，这是目前中国社会矛盾、社会冲突产生的重要根源。这也造成了改革开放之后在较长一段时间里，乡村随着劳动力的流出而呈现“流出性衰败”这一现象。今天，返乡创业群体作为一种人口资源在城乡间的反向流动，就是乡村振兴战略及政策引导的一种结果，也是对城乡间人口流动的一种矫正。

三　乡愁及乡情：从心理上强化了“乡村拉力”

城市文化的单调性、机械性及其可复制性等“现代城市病”让城市中产者产生了对城市的远离感；而且，在现代社会中，产业之间的依赖与人们对就业的依赖、对社会服务的依赖越来越强烈，因此，人与人相互之间的关系也越来越缺乏“弹性”。相对而言，以乡愁、乡情、乡土为核心的乡村文化，却具有自然性、丰富性、生动性等特点，这些特点恰恰能够满足城市中产阶级回归自然，以及对生活方式重新塑造的心理期待。在今天，乡村社会已然成为一个混合多种生活方式期待、多样群体共存的复杂的社会空间；乡村本土居民与迁入者、农业工人、休闲游客、旅行者、土地所有者、政策制定者、媒体从业人员以及学术研究者等不同参与者的共同体验与表现塑造了一种全新的乡村性。

对于那些饱受城市压力、志在回归乡村的群体而言，乡村的这些文化特点具有“治愈”的效果，即刘祖云教授等提出的“乡村具有治愈的价值”，它主要指，乡村社会对城市中产者具有短期社会治疗的效果。[①] 因为，中国几千年历史沉淀下来的“耕读”文明，在人们面对困难与挫折等困境时，能提供一种极其强烈的“韧性精神”，而在人们面对胜利与成功等顺境时，又能提供一种“平和心态”，这是中国乡村文明所独有的自我纠错机制与修复能力。因此，在高度工业化与城市化的背景下，乡村的自然、空间

① 刘祖云等：《由“碎片化”走向“组织化”——中国新农村建设的战略构想》，《社会科学》2007 年第 6 期。

及其资源形成了一种无形的“拉力”。

在乡村拉力的影响下，返乡创业群体可以起到重新联结人际关系、再造乡村生活圈以及重建村庄生活的功能；同时，返乡创业群体普遍具有以人生成功为背景的积极而乐观的“三观”，具有以城市生活为基础的现代文化意识，这些重要元素对于乡村建设及乡村秩序的再造意义重大。

第二章　内涵：乡村振兴中“人的回归”

第一节　乡村人力资本的革命

一　空心化“掏空”了乡村

中国的快速城市化可能是一把“双刃剑”，因为我们走向快速城市化、现代化的进程，也带来了乡村青壮年劳动力涌向城市、乡村社会内部急剧荒芜的“空心化”现象。宋伟等人的研究表明，中国村庄宅基地的空心化率平均在10.15%左右，其中东中西部村庄宅基地的空心化率分别为14.82%、9.11%和7.15%，呈现由东向西依次降低的格局；有3.77%的村庄空心化率超过40%，空心化率最高的村庄达到了62.18%。[①]

有学者在研究广西博白县客家村落“乌鸦颈村”的文化变迁时，用的标题是：“从‘厅堂天下’到‘空心村’”，而厅堂是乌鸦颈村客家人祭祀祖先的场所、讨论族中大事的议事厅，也是宗族文化活动的中心，它是客家文化的重要空间载体。乡村空心化的实质是传统村落长期形成的社会网络的断裂，尤其是强社会网络的断裂。网络的断裂将导致村落更多的人孤立，这样人们就难以获得依赖网络传播的信息和资源。[②] 在空心化的境遇下，“乡村振兴”从何谈起？“乡村振兴”战略又如何实施？

二　返乡创业群体：乡村人力资本的革命

在中国乡村空心化的境遇下，却出现了一种令人振奋的“社会对冲”现象，这就是返乡创业群体的新现象。对此，在2016年底，著名经济学家

---

① 宋伟等：《中国村庄宅基地空心化评价及其影响因素》，《地理研究》2013年第1期。

② 李伟中、陈坤：《从“厅堂天下”到“空心村”》，《晋阳学刊》2009年第6期。

厉以宁教授就提出，“中国正在悄悄进行一场人力资本的革命。”[①] 他说，过去只听说过海归，现在中国出现了“城归”群体，也就是农村外出打工的人在外面工作了几年，认识了一些朋友，学会了技术，积累了一些钱，更懂得了市场怎么运作，然后回去创业，因为家乡有用武之地。[②] 2017 年 3 月“两会”期间，厉以宁教授又重谈“城归”这一新现象，由此，“城归”成为 2017 年“两会”的热词之一。

从学术研究的角度看，返乡创业群体一词最早于 2004 年就由林修果与谢秋运两人提出，他们已开始关注“走上乡村政治前台的‘返乡创业群体’精英”。[③] 他们认为，一些人走出乡村到城市中拼搏发展并取得一定经济成就后，重新返村参政，从而迅速走上村庄政治前台已非个别现象，这些人就是返乡创业群体（其命名灵感来源于“海归派”一词）。继这之后，返乡创业群体这一主题并没有获得学术界的足够关注。

笔者认为，对返乡创业群体的理论关注远远不够。在中国城市化快速发展的背景下，出现了具有逆向特征的返乡创业群体现象，再加上中央政府于 2017 年底提出了乡村振兴战略。因此，我们应该赋予返乡创业群体现象及这一新群体更新的理论解释，即它是乡村振兴背景下真正的“人的回归”。

第二节　乡村“自作主宰”主体性的回归

一　乡村“人的回归”的双重情境

从乡村走出来打工的农民，他们的“回归”，始终是一个终极的人生宿命。究其原因，可以归结为两个方面：一是在隐性层次上，受到了中国传统文化基因中“叶落归根”这一潜意识的深刻牵引；二是在显性层次上，受到了农民工乡村社会关系的“不在场”，以及城市对于农民工的制度性排斥等因素的影响。

---

① 厉以宁：《“城归”将成为新的人口红利》，《理论与当代》2017 年第 2 期。

② 厉以宁：《“城归”将成为新的人口红利》，《理论与当代》2017 年第 2 期。

③ 林修果、谢秋运：《“城归”精英与村庄政治》，《福建师范大学学报》（哲学社会科学版）2004 年第 3 期。

一方面，“回归”是基于中国小农生产方式影响而遗留下来的一种独特的传统文化基因；也正是源于这一文化特性，我们才创造了“海归”“城归”这些极具东方文化风格的语法。“树高千尺，叶落归根”，已成为客居他乡的人对故土怀念而发出的心声，也是客居他乡的人终究要回到“本乡本土”的心愿。据说，“叶落归根”这句话出自《坛经》，它的大概意思是：六祖惠能大师将入涅槃时，曾对他的门人说，他想回归新洲老家，并要门人们迅速给他准备舟楫；门人们向六祖苦苦哀求，以求挽留。六祖却说道：“诸佛出现，犹示涅槃，有来必去，理亦常然，吾此形骸，归必有所。”六祖又对门人说：“叶落归根，来时无口。”从这个故事里，我们读出了六祖“叶落归根”的坚定决心。后来，陆游干脆把这段故事纳入诗中，作成“云闲望出轴，叶落喜归根”的诗句，而这一佳句表达的是人们“叶落归根”时的喜乐心情。

对于“回归”的文化意识，费孝通先生则从另一个层面进行了解读。他说：“我们的民族确是和泥土分不开的了。从土里长出来光荣的历史，自然也会受到土的束缚，现在很有些飞不上天的样子。”[①] 因为我们要回归的就是那个“根”或那一方“土”。因此，“回归”是深深积淀在中华民族血液中的一种文化意识。然而，1978 年改革开放以来，中国社会在工业化生产方式与城市化生活方式的双重变革中，深刻地解构了“叶落归根”的文化基因，这是事实；但是，我们仍然能看到的另一个事实是：在来到城市打工的农民工群体中，他们由于未能彻底地“被城市化”与“被现代化”，而仍然保留“叶落归根”的文化意识。

另一方面，乡村人的“回归”还有现实的社会情境，这一现实情境主要表现在两个方面。一是城市社会对于农民工的制度性排斥。由于我国施行的仍然是城乡分割的二元体制，而进入城市打工的农民工不能同等享受城市户籍制度，以及由此带来的一系列社会保障、医疗卫生及义务教育等公共福利。二是在政治上，农民工参与城市社会活动的程度很低。三是在经济上，他们也难以参与城市市场与城市消费生活；而在文化上，农民工也基本上被排斥在城市文化活动之外。这样，农民工在城市的生活基本上处于“社会孤立”状态。这就势必带来第二个促使农民工“回归”的社会

① 费孝通：《乡土中国》，江苏文艺出版社，2007，第 6 页。

情境，即乡村社会关系的“不在场”。

马克思主义理论认为，人的本质是一切社会关系的总和，也就是说，人只有通过“社会关系”这面镜子，才能获知自己在社会中的位置，也才能认知自己是否被社会所接纳与认同。在中国传统的乡土社会，社会关系是建立在血缘与地缘这两大基本元素之上的。对此，费孝通先生认为：“血缘是稳定的力量。在稳定的社会中，地缘不过是血缘的投影，不分离的。‘生于斯，死于斯’把人和地的因缘固定了。生，也就是血，决定了他的地。……这也告诉我们‘地’的关联派生于社会关系。”① 但是，农民工一旦进入城市社会，无论是以个体还是“有限群体”的方式进入城市厂区，他们就基本上脱离了原来土生土长的以血缘与地缘为核心的乡村社会关系；但是，由于城市社会的各种排斥，他们也没有能力在城市社会中建立起能够确认其身份与地位的新的社会关系。因此，农民工对原有社会关系的“留恋性回归”就成了一种宿命。

二　乡村“虚假回归”的三种类型

可以说，人口流动是我国乡村社会的基本特征，“中国人口与发展研究中心”的研究员贺丹认为，新时代农村人口流动呈现一些新的特点。他的监测数据表明，“15 岁及以上的农村户籍人口中，从未外出人口、返乡人口、外出人口分别占 57.5%、9.9%和 32.6%。23.4%的外出人口返乡，约占 1/4；现居本区县的农村留守人口中，曾经外出过的人口占 14.7%。”② 这些监测数据表明，乡村人口流动呈现“流出”与“回流”并存的趋势；而且，人口返乡从事于非农就业，已经成为乡村人口流动的一个显著特征。

笔者认为，在“返乡潮”背景下，我们需要对人口返乡大军进行细致的分析，以区别“虚假回归”与真正的“主体性的回归”，而区别这两者的依据是：返乡者在主观上是自愿回归还是被迫回归？笔者认为，至少以下三种回归就属于乡村“虚假回归”，因为这三类回归都是返乡者基于某种客观原因而被迫选择了返乡的归途。

---

① 费孝通：《乡土中国》，江苏文艺出版社，2007，第 6 页。

② 贺丹：《新时代乡村人口流动规律与社会治理的路径选择》，《国家行政学院学报》2018 年第 3 期。

第一类，基于利益计算与权衡的农民工“季节性返乡”。进城农民工的季节性返乡，一般表现为两种方式：一种是当家乡的耕种或收割季节到来时，他们就放下城里的活而返回家乡从事农业生产，以实现家庭利益的最大化；另一种是，当城里的工业生产处于淡季时，比如季节性的食品生产、夏季高温休假等，他们也以返乡的方式来降低自己的生活成本，并得以休养生息。

第二类，基于生计考量的“老一代农民工返乡”。有学者认为，中国农民工流动正进入一个十分重要的代际转换时期，在新生代农民工日益成为农民工主体的同时，老一代农民工正逐步退出就业大军返回家乡。他们以“低收入、低诉求”为群体特征，为中国的快速工业化和城市化进程提供了丰厚的人口红利。[①] 在城乡二元体制尚未根本突破的背景下，老一代农民工从生命历程上完成了“农民—农民工—农民”的人生大循环，长达二三十年的打工生涯并没有使他们改变“农民”的身份。从总体上看，老一代农民工的自我储蓄能力不足，而且其再就业能力也较弱，因此，他们最终不得不返回家乡、回归农民。[②]

传统的观点认为，从事传统农业生产的“小农”，其经济行为缺乏理性，即他们对市场刺激不能做出正常反应。但是，美国著名经济学家舒尔茨却提出了“理性小农”的假设，颠覆了传统理论对农民人性的基础假设。[③] 舒尔茨认为，传统农业是“贫穷”的经济，同时又是安排得很好的经济；因此，农民是可以对市场作出敏感反应的“潜在企业家”。农民作为“潜在企业家”的特质，可以从农民工的“季节性返乡”以及“老一代农民工返乡”的行为中看出端倪。因为这两种返乡方式，尽管都是由于某种客观原因而作出的被动选择，但是都反映出“理性小农”基于利益计算而对市场所作出的敏锐反应，其目的是使他们自己及家庭的利益最大化。

第三类，基于情感需要与“在场”宣示的“返乡过年”。近年来，农民工返乡过年已成为中国社会一道亮丽的风景线。几乎每年都有报道称，春

① 蔡昉：《中国人口与劳动问题报告》，社会科学文献出版社，2011，第 37 页。

② 郭晓鸣、周小娟：《老一代农民工：返乡之后的生存与发展——基于四川省 309 位返乡老一代农民工的问卷分析》，《中国农村经济》2013 年第 10 期。

③ 〔美〕舒尔茨：《改造传统农业》，梁小民译，商务印书馆，1987，第 4 页。

节临近，由佛山、东莞、广州等珠三角城市返乡农民工组成的10万“摩托车大军”沿着321国道，返回广西、贵州、湖南与四川老家过年。《江西日报》2013年2月20日的一则报道显示，截至2月17日，全省返乡农民工为400.2万人，较去年春节同期增加6.9万人，占全省外出务工人员总数的77.8%。每年一度的农民工“返乡过年”，一方面，是基于中国传统习俗中春节期间家庭与家族团圆的文化传统，也在一定程度上满足了农民工的亲情关怀，这是情感因素决定的；而另一方面，“农民工在城市取得‘成功’以后，总要设法向家乡人展示自己的成果，以提高自己及家庭在乡村中的社会地位。”① 这是基于一种社会关系“在场”宣示的需要，也是对在城市中乡村社会关系“不在场”的一种弥补抑或“抗拒”。

三 返乡创业群体：乡村“主体性的回归”

笔者认为，与上述三类“虚假回归”相对应的返乡创业群体，却是一次“真正的”乡村回归，因为它是乡村“主体性的回归”。

肯定人的主体性是马克思主义理论的一个鲜明的特点，在马克思看来，真正的主体必然是具有自主性的主体，这种主体既有能力又有权利，“作为支配一切自然力的那种活动出现在生产过程中”。有学者认为，“关于人的主体性的具体规定马克思曾经有过许多论述，概括起来主要就是指人作为活动主体在对客体的作用过程中所表现出来的能动性、自主性和自为性”。② 在这里，事实上涉及人在生产过程中的自觉性、选择性与自由性等主体性的特质。抽象地说，任何人都是具有主体性的人，但是，在现实生活中的人又是极其复杂的；由于受社会历史条件或社会客观事实制约，“具体的人”在生产过程中有可能被剥夺了自觉性、选择性或自由性等特质，而不能真正成为具有主体性的人即“大写的人”。

以马克思主义的主体性理论观之，上述三类回归之所以被称为“虚假回归”，就是因为这些回归的主体不具有自觉性、选择性及能动性；换言之，回归不是他们的“自由选择”。正如现代哲学家冯契先生所言，人的主体性是指，“自我在本质上要求自作主宰，这个我就像荀子说的，‘心者，

① 江立华、卢飞：《农民工返乡消费与乡村社会关系的再嵌入》，《学术研究》2015年第3期。
② 詹艾斌：《论人的主体性——一种马克思哲学视点的考察》，《社会科学研究》2007年第2期。

形之君也，而神明之主也，出令而无所受令。自禁也，自使也，自夺也，自取也，自行也，自止也。'……即意志，它能自主选择、或禁或使、或夺或取、或行或止，都可自作主宰。"[①] 因此，在乡村回归中，能够"自作主宰"的当属返乡创业群体，这也是笔者赋予返乡创业群体以更高理论定位的依据之一。因为相对于上述三类"虚假回归"，返乡创业群体在知识、技术、信息、市场、资源及财力等某些方面或者至少在某一方面是自由的，因此，他们是能够"自作主宰"的。

这一"自作主宰"的回归，在今天的社会情境下显得既合情又合理。一方面，返乡创业群体因"乡愁"而回，体现的是乡村回归的"合情性"。本书所言的返乡创业群体不仅指"外出打工的农民工返乡"；像从农村走出去的大学生、退役军人、城镇的科技人员，以及一部分已离退休或即将离退休的社会贤达等的返乡创业，都归属于本书所言的返乡创业群体。从学者们对返乡创业群体回归原因的田野调查与深度访谈中，我们可以看出，出现最多的词是："记挂着家乡""父母在家乡""回归故土""思乡心切"等表达着"乡愁"的情感性用语。因此，"乡愁"就像一种隐形的"黏性剂"，在情感的隐秘深处吸引着曾经从乡村里走出去的各种各样的人，这就是中国传统文化中所特有的家乡的"空间粘性"。

另一方面，返乡创业群体因"机遇"而归，体现的是乡村回归的"合理性"。在市场化环境中，返乡创业群体也是理性的经济人，当然，我们这里所说的"经济人"，既包括"经济计算理性"，即追求经济计算利益最大化，[②] 也包括"经济人德性"，[③] 即弗朗西斯·福山所言的，人类经济行为动机的20%需要由道德、习俗等文化因素来解释。因此，返乡创业群体回到家乡创业，既是为了追求其"经济计算利益"的最大化，也是为了"那一方乡土"的习俗与伦理。因为，农产品需求升级、农村环境保护，以及绿色农业政策等乡村发展的"时代机遇"，既会给予他们较大的经济利益空间，也会给予他们乡村习俗、乡土伦理的情感慰藉。

---

① 冯契：《认识世界与认识自己》，华东师范大学出版社，1996，第386~387页。

② 王兴尚：《论"经济人"的经济伦理德性》，《经济论坛》2004年第9期。

③ 刘祖云：《行政伦理关系研究》，人民出版社，2007，第127页。

第三节　乡村振兴的三种力道

要实现乡村振兴，必须有人，也必须依托于人；返乡创业群体就是一种可以依托的主体性力量。返乡创业群体作为一种人的回归，他们的存在也是多维的。比如，他们会以宏观的方式存在并影响乡村的文化建设；会以中观的方式存在并影响乡村的社区建设，也会以微观的方式存在并影响乡村组织的建设。笔者认为，在以上的每一个维度上，都必须保持一种合理的张力；具体地说，就是在乡村传统文化与现代文化之间保持张力，在乡村利益共同体与情感共同体之间保持张力，在乡村正式组织与非正式组织之间保持张力。而返乡创业群体需要在每种张力中形成一种力道，即在乡村文化建设中保持文化的“乡土性”，在乡村社区复兴中培育“情感共同体”，在乡村组织建设中自塑“新乡贤”角色。

一　在乡村文化建设中保持文化“乡土性”

齐格蒙特·鲍曼指出，随着现代化的发展，我们日益进入了流动的现代社会中，在其中，社会成员开展活动时所处的环境，在活动模式尚没成为习惯和常规之前便已发生变化。生活的流动性与社会的流动性，相互依存，相互促进。① 以此观之，中国的乡村社会自改革开放以来，在工业化、市场化与城市化的推动下，也基本上由一个封闭的社会向开放与流动的社会转变。乡村社会的流动性主要表现为三种形式，即乡村向城市的“纵向流动”，欠发达地区乡村向发达地区乡村的“横向流动”，以及新近出现的返乡创业群体从城市向乡村的“逆向流动”。总之，种种流动性打破了乡村的封闭性，这是乡村文化建设必须面对的一种新境遇。

因此，在乡村文化建设中，会形成两种文化形态在时间与空间上的并存甚至是冲突的局面。一种是以定居的原住民为核心，在乡村长期的发展中积淀下来的、具有一定地域特色的传统乡土文化；而另一种是以流动性的农民工为核心、基于城市生活烙印而生发出的以消费主义为特征的现代文化。尽管传统的乡土文化受到城市化、工业化与市场化的强烈冲击，但

① 〔英〕齐格蒙特·鲍曼：《流动的生活》，徐朝友译，江苏人民出版社，2012，第81页。

是，乡土文化的原发性、坚韧性使它与现代城市文化之间仍然能保持一种自然的张力关系。但是，当返乡创业群体以一种更具“主体性”与“领导力”的姿态回归乡村时，传统乡土文化与现代文化之间所维系的自然的张力关系，有可能自觉或不自觉地被打破；换言之，传统的乡土文化有可能被工业化、现代化与市场化所碾压，在乡村建设中可能表现出来的就是急风暴雨式的“推倒重来”的文化策略，这是值得警醒的。

有研究表明，以血缘关系为纽带的人际伦理关系、传统文化习俗与心理认同感常常成为社区治理的文化内核，对此，有学者发现，尽管美国的小镇仍然很穷，而大多数人仍然视其为愿意定居的地点，因为对于许多人来说，在这些小镇，每个人都拥有平等追求成功的机会。而另外一项对于英国邻里社区更新经验的研究则表明，“新形式的地方参与需要时间，也需要规则、程序、文化、态度和行为的改变”。[①] 以此为基础，一个基于社区心理认同感的新概念——“节点治理”（nodal governance）被提了出来。“节点治理”的本质在于强调人们容易忠于自己固有的行为习惯，对于新事物的接受仍需要时间。因此，社区治理与改革不能以激进或急迫的方式来追求短期效益，需要充分考虑居民的地方性知识与乡土文化。

这就提醒我们，在开放性的乡村文化建设中，如果貌似强大的、外来的现代文化对于传统的乡土文化呈现一种压倒性的优势，它带来的唯一的结果就是用城市思维来吞噬具有地方性知识的乡土文化。因此，在传统乡土文化与现代文化之间保持一种合理的张力，而且，以保持文化的“乡土性”作为出发点，应该是乡村振兴议题下乡村文化建设的主导方向。

二　在乡村社区复兴中培育“情感共同体”

在中国广大的乡村地区，“社区失灵”这一现象已是不争的事实。从全球的视野来看，正是缘于全球化、城市化与信息化快速发展的影响导致了“社区失灵”这一现象。帕特南在2000年出版的《独自打保龄：美国社区的衰落与复兴》一书中，就分析了这种背景下社区的衰落和公共参与的递减。中国乡村社区失灵这一现象的产生，也基本上是基于全球化、城市化

① 吴晓林、郝丽娜：《“社区复兴运动”以来国外社区治理研究的理论考察》，《政治学研究》2015年第1期。

与信息化三个元素叠加的背景。[①]

乡村社区失灵主要表现在两个方面，一是乡村社会无力承接国家转移过来的权力，在有些地区，这种对国家权力转移的承接完全被“灰色化”甚至是“黑色化”；[②] 二是乡村社会无力承担社区治理的任务。有乡村“社区失灵”的现象，就必然会提出乡村“社区复兴”的议题。笔者认为，乡村社区复兴有两个重点。一是，乡村如何承接中央向地方放权及国家向社会放权。乡村社区失灵最主要的根源在于“乡村精英”的流失，使乡村的正式与非正式的领导力大大地下降。当今，返乡创业群体的出现给破解乡村社区失灵带来了一个良好的契机。从上文的分析中可以看出，返乡创业群体在某些领域或某些方面已显示其独特的领导能力，他们可以担当“重塑乡村领导力”的责任。

二是重建乡村共同体需要在利益与情感之间保持一种张力。在上文分析中已多次提到，返乡创业群体既是基于理性的利益计算，也是基于情感上的“家乡情结”而回归乡村的。因此，乡村社区复兴无论是在理论上还是在实务上，都必须重视乡村“情感共同体”的培育与养成，并在乡村“利益共同体”与“情感共同体”之间保持一种张力；因为乡村从来都不仅是利益连接的场所。正如有学者所言：“共同体关系可能建立在许多不同的情感性、情绪性或共同性的基础上。在一个整体内，没有情感的交流是不可想象的，情感成就了共同体家园般的感觉。”[③] 在乡村情感共同体的建构上，特别要注意两个环节。其一，“共同在场”以唤醒家乡同感。情感社会学认为，“当不能形成共同在场，保持共同的注意有困难，不能获得共同的心境时，情感兴奋的水平将下降，或者转向消极。情感兴奋下降后，节奏同步和情感愉悦也同样出现困难”。[④] 返乡创业群体事实上是以一种“主体性回归”的姿态重新在场，以宣示自己的存在。当返乡创业群体重新在场时，源于其“原住民”身份，他们很容易与“乡里乡亲”获得家乡“一草

---

① 转引自刘祖云、姜姝《“城归”：乡村振兴中人的回归》，《农业经济问题》2019 年第 2 期。

② 于建嵘：《黑恶势力是如何侵入农村基层政权的？——对湘南 40 个“失控村”的调查》，《理论参考》2009 年第 4 期。

③ 武永江：《论导师与研究生情感共同体的构建》，《研究生教育研究》2014 年第 2 期。

④ 〔美〕乔纳斯·特纳、〔美〕简·斯戴兹：《情感社会学》，孙俊才、文军译，上海人民出版社，2007，第 81 页。

一木”的共同感受以及对家乡发展的共同期待。

其二，“共同担责”以培育共同伦理。“共同体”是特指“一个拥有某种共同的价值观、规范和目标的实体，其中每个成员都把共同的目标当作自己的目标”。[①] 在今天乡村振兴的背景下，中央与地方各级政府从政策与制度上会向乡村释放大量的利益。因此，需要特别强调的是：返乡创业群体在社区复兴中要承担起乡村伦理关系传承的责任，而不仅仅是追求自己的经济利益；否则，他们没有办法在乡村建立起“情感共同体”。

三　在乡村组织重构中自塑“新乡贤”角色

管理学大师彼得·德鲁克曾说：“社会已成为一个组织的社会。在这个社会里，不是全部也是大多数社会任务是在一个组织里和由一个组织完成的。”[②] 因此，在乡村振兴的语境下，返乡创业群体也必须借助乡村的各类组织来实现自己的任务、目标与价值。在乡村领导力与乡村组织衰落的背景下，重构乡村组织应该是乡村振兴的重中之重。这种“组织重构”既包括正式组织，像基层党组织与返乡创业群体自治组织的重构，也包括非正式组织，即各种民间组织的重构，以在乡村正式组织与非正式组织之间形成合理的张力。

在乡村组织的重构中，返乡创业群体由于已在某些领域或某一个领域内显示一定的领导力而获得了机会。这一机会使返乡创业群体可以赋予乡村组织重构一种新的力量，也使返乡创业群体可以通过组织重构的路径达成自己的任务与目标。在乡村组织重构中，返乡创业群体在面对“新乡情”的境遇下，如何培育自己“新乡贤”的角色，就成为理论界与实务界共同关心的话题。有研究者认为，“新乡贤”的角色就是“重构乡村规范”，即“新乡贤能够凝聚乡邻，在乡村公共生活中起到关键作用；能够通过道义整合利益，发展出一套适应乡村发展的共享价值规范体系；通过建立共享的价值规范体系，为乡民提供一套行动准则，进而为返乡创业群体自治提供保障，促进返乡创业群体自治的真正实现”。[③]

无论是“组织重构”还是“规范重构”，都给返乡创业群体带来了自塑

---

① 李义天：《共同体与政治团结》，社会科学文献出版社，2011，第 9 页。

② 转引自刘祖云、姜姝《“城归”：乡村振兴中人的回归》，《农业经济问题》2019 年第 2 期。

③ 胡鹏辉、高继波：《新乡贤：内涵、作用与偏误规避》，《南京农业大学学报》（社会科学版）2017 年第 1 期。

“新乡贤”角色的机会。对此，笔者认为，在这一“自塑”过程中，需要通过具有“仪式感”的乡村活动来达到目标。一般认为，“仪式是指按一定的文化传统将一系列具有象征意义的行为集中起来的安排或程序”。[①] 我们都知道，仪式性的活动在乡村事务中占有一席之地，因为“仪式”本身具有参与性、程式化、象征性和表演性等特征；而在仪式性的乡村活动中，体现了乡村的社会关系网络，以及人们在这一网络中的位置；因此，乡村仪式的最高境界，恰恰是为了建构并维系一种有秩序、有意义、能够用来支配和容纳返乡创业群体的可见的乡村人情人伦关系。因此，返乡创业群体可以通过这些有仪式感的乡村活动来培育乡村的“情感共同体”，并最终实现乡村振兴的目标。

① 陈国强：《简明文化人类学词典》，浙江人民出版社，1990，第 135 页。

第三章　影响：返乡创业群体重构“新乡情”

随着农村城镇化进程的加快及农村劳动力的转移，当代中国农村正在进行深刻的社会变革，农村生活方式已经由千百年来形成的乡村自然生活，发展到因工业化建构而形成的城镇化生活。与此同时，农村社会群体也从一个由熟人构成的社会，过渡成一个因现代工业推动的由陌生人组成的社区。随着生产和生活方式的改变，建立在传统生产方式基础上的农村生活方式和农民的精神风貌也随之有了新的形态。

这种新形态的文化观念对农村社会的发展施以复杂多变的影响。从精神方面而言，随着自然乡村结构的解体，传统的乡村道德“时序”也发生了断裂，从而也在不同程度上造成新社会群体中的“乡情流失”，并因之形成了某种程度的“乡情背反”。显然，返乡创业群体中已出现的乡情背反，在此基础上重建断裂的道德时序，是当代农村发展中必须加以关注和解决的问题。

第一节　返乡创业群体的道德解构

传统上，中国乡村生活的道德时序是建立在农业生产方式基础之上的。这种传统的农村社会结构及其人际关系也决定了乡村生活中道德交往的方式和内容。早在80年多前，费孝通先生即对这种通过“由无数私人关系搭成的网络”而形成“差序格局”的农村社会结构进行了研究。[①] 事实上，在这种“差序格局”中，道德的群体基础是一种生活于乡村社会结构中的“熟人”。所谓熟人，即指存在于乡村社会中的具有一种结构固化性、位置

① 费孝通：《乡土中国》，江苏文艺出版社，2007，第6页。

认同性和角色传承性的社会成员。正是这种社会成员的道德生活及其构成的道德语境，造就了传统乡村生活的道德时序。

所谓时序（Sequence），本是电子工程中的一个术语，其所描述的是对象之间在发送消息过程中的时间顺序和动态协作。本书借之以指称在乡村生活中各个因素之间的共生、互动及其道德影响与反馈。所谓“时”，即成员的历史和属性的传承性；所谓“序”，即个体角色和关系网络的稳定性。“时”“序”交织所构成的时空结构，标志着传统乡村道德结构的历史维度和文化形态。

作为一种基于乡情之上的道德，在传统上不论是在城市还是乡村，中国传统农村社会中的这种道德时序大都具有区域性、稳固性和延续性的特点。

所谓道德时序的区域性，意指群体成员间关系的主体及其关系的主要内容，往往都局限在具有一定文化共同性的区域或地区，其群体间“生活的道德”也具有区域特色，进行道德评价的“舆论场”也具有鲜明的区域文化特质。道德时序的稳固性，主要指作为表现道德观念的人际关系，有一定的位置和角色的相对认同性，在一定区域中，其道德主体大都是相对固定的，几乎没有流动和变动。道德时序的延续性，主要指个体在群体中的角色和资源，在代与代之间具有明显的继承性和一维性。正是通过这种代际关系和社会关系的纵向与横向的叠加，形成了中国典型的“熟人社会”及其道德生活特色。这一点在传统乡村生活中更为明显。由于社会、历史和文化因素的制约，熟人社会中社群关系的活动内容简单、交往对象稳定、影响范围狭窄、相关因素透明。

当代，随着劳动力的大规模转移和城镇化进程的加快，返乡创业群体卷入了变动不居的生活浪潮之中，社会结构及其成员个体角色都发生了巨大的变化。截至 2019 年末，中国大陆的城镇人口数已达到 74916 万人，而农村人口数则为 61866 万人，相对减少 1095 万人，城镇化水平达到 54.77%。[①] 在今天社会的急剧变革中，传统的农村群体关系经过了持续不断的洗礼，人们的精神、心理、思维方式和生活方式都因之受到了影响，并形成了崭新的社会关系。休谟曾言：“德性不外乎是遵奉理性，道德被看

① 转引自姜姝：《“城归”群体的生成机制及其价值实现》，《南京农业大学学报》（社会科学版）2021 年第 3 期。

作趣味和情感派生出其实存。”[①] 在某种程度上，这种群体生活环境的巨大变迁，也标志着传统乡村道德时序已经正面遭遇现代生产方式和生活方式的强力解构。传统的道德时序有了新的变化，甚至发生了某种程度的时序断裂，或谓一种“时”断与“序”裂共存的文化道德现象。这主要表现在，一者，社会正在进行从“熟人社会”向“陌生人社会”的快速变动。二者，社会成员也正在经历从一种静态生存向动态生存转变的压力。这种动态生存主要表现在其角色属性的重建、文化及活动区域的变动。三者，社会结构经历震荡与调整，成员之间形成并表现出新的道德关系模式。四者，乡情生活中的历史血缘关系因远而疏，个体的社会角色和关系的认同模式因利而变。五者，“生活的道德”和“道德的生活”有了新内涵，道德的舆论场也注入了新的物质性的解构性力量。

显然，这种道德时序的断裂和再生，存在于当代返乡创业群体的社会流动中，是在工业化、城镇化和全球化生产方式基础上形成的新型关系。它区别于与传统农业生产和生活方式相应的区域、血缘和乡情的社会关系。或者说，“在行为和行为的后果之间有一个时间上和空间上的巨大鸿沟，我们不能用我们所固有的、普遍的知觉能力对此进行测量”。[②] 不论在沿海发达地区还是内地普通乡村，在某种程度上，这种发生在新型群体中的道德关系都是以现代工业生产为纽带，因城市拆迁、发展，或因新农村建设及行政区划调整等为动力而形成的，它以多区域和跨区域的“陌生人”之大量、快速、多样聚集为标志。其背后的物质力量即传统农村向现代城镇的转变、乡村人口向城镇居民的转变、农业生产向工业生产的转变、乡村经济向现代区域经济乃至全球经济的转变。

“一切以往的道德论归根到底都是当时的社会经济状况的产物。”[③] 当新旧对立的道德体系之间的准则发生冲突，以及同一道德体系中的新旧道德观念和准则相悖时，道德生活的时序就会混乱，传统道德框架再也不能诠释新的社会生活，道德话语也因其内涵和形式的变动而失去其规范性和至上性。曾经植根于熟人社会中的浓浓乡情，也因之发生了内涵的变化，传

① 〔英〕齐格蒙特·鲍曼：《后现代伦理学》，张成岗译，江苏人民出版社，2003，第 20 页。
② 〔英〕齐格蒙特·鲍曼：《后现代伦理学》，张成岗译，江苏人民出版社，2003，第 20 页。
③ 《马克思恩格斯文集》第 9 卷，人民出版社，2009，第 99 页。

统的乡情也因之出现了流失，并在社会群体生活中展示出其强大的张力。

第二节　返乡创业群体的时序断裂和内在张力

乡情，即对存在于一定区域群体之间的关系及其文化传统、生活方式在情感上的互相认同，其基础即群体关系的相对稳定性和群体生活道德的一致性。今天，在道德时序断裂与再生的文化时空中，心与物出现了背反，变动与适应出现了异步，个体的精神生活中形成了对乡情的情感困惑，并因之造成了乡情的背反。

所谓乡情背反，意指在社会结构的重组过程中，每一位成员都渴望并需要一种真诚的乡情，但是在家乡的迁徙、群体的重组和新型社会建构过程中，在道德舆论场边界的不断调整中，人们却又在心灵中感到更加远离这种记忆深处的乡情。简单地说，乡情背反即社会生活个体，在新的群体生活中对区域文化认同表现出的欲拒还迎、欲回不愿的心理困顿。这种乡情的背反主要表现在如下三个方面。

第一，激动与惶恐：返乡创业群体的变动性，决定了乡情内涵的不确定性。

在全新的社会结构中，农村众多社会成员告别了熟悉的家园环境，离开了曾经拥有的区域文化和精神遗产，甚至丢弃了父辈们创造的社会资源，而汇集到工业化、都市化的社会环境中。这主要有两种类型：一是传统乡村在城镇化进程和社会发展中被纳入经过规划的、以行政和经济力量推动的群体迁徙与聚集过程；二是出于生活就业等原因而主要出现在农村人口中的大量个体异地迁徙。

在新的群体关系中，由于每个人都面临全新的环境、陌生的人群和异样的行为习惯，那种历史传承的乡村共同风尚认同已经消失，社会中的个体行为往往会充满高度的复杂性和多样性。据统计，近年来，农村劳动力外出就业规模一直在持续扩大。2002 年该数字为 9400 万人，而到了 2014 年，全国外出就业的农村人口总量已达到 27395 万人。随着群体的快速流动，街坊、邻居、宗族等传统社群文化中的基本元素已经空化或弱化，熟人、朋友、血亲等关系已经疏远或疏离。在这种新的环境中，道德的时序失去了曾经的物质基础，传统的乡情几乎消失。类似于费孝通先生所研究过的“差序社会”面临解体。也许可以说，如此庞大的群体都在不同程度上经历某种道德的时序断裂，并造成了一定意义上的乡情背反。

正是由于新社群关系中人际关系的流动性、变动性和暂时性特点，传统的熟人社会日益变成陌生人社会。在这个社会中，每个成员都生活在其他的陌生人中间，每个人同时又都是别人的陌生人；每个人在某种程度上都依赖陌生人而生存，其生产生活、恋爱家庭等社会活动，大都是在不断变幻的陌生人社会中进行的。这种道德生活虽然有一种突破曾经羁绊的激动，但也有面临新生活选择的惶恐，于是婚姻、家庭、情感等都经过了冲击与震荡，那些曾经有过的一切都必须在这个新道德舞台证明自己的存在价值。这种新社会结构中的乡情，其基础不再是被群体广为习惯的、具有稳定性的乡村居民，而是一种变动不息的陌生人群。

第二，约束与突破：返乡创业群体流动中经济纽带的主导性，强化了乡情内涵的功利性。

道德往往在熟人社会中才能起到真正的作用，因为只有稳定的人际网络才是道德产生力量的物质和价值基础。在传统“差序社会”网络中，“每一个结都附着一个道德要素”。[①] 在乡情的主导下，人与人之间的关系往往都可以通过依赖一种简单的“善恶”原则进行处理。中国传统的乡情内涵即一种对德性传统的维护，对习惯角色的服从与认同。其道德的力量更多的是处理熟人间的关系，一切问题也都是基于熟人社会中的道德而加以解决的。

但是，在一个崭新的群体中，其复杂的人际关系仅仅依靠一种传统善的力量是难以完成的。在现代生产方式和生活方式的图景之下，我们所需要的道德形象，往往愈加突出了其中乡情内涵的功利色彩。经济的发展以及对高品质生活的追求，是当代社会群体关系变化的重要推动力。在某种程度上，这种推动力加速了群体成员的变动性和流动性，决定了成员对乡情的疏远和迷茫，造成了陌生环境下成员关系的功利性。因此，一种曾经深刻丰富、充满温馨的乡情，便被简化成了一种经济关系，最终使乡情交往蜕变成一种功利主义的交往。

---

① 〔美〕费什米尔：《杜威与道德想象力——伦理学中的实用主义》，徐鹏、马如俊译，北京大学出版社，2010，第 88 页。

当然，这种功利的内涵既有积极的一面也有消极的一面；既有经济追求的冲动，也有权利意识的觉醒。个人功利性的无限放大必然影响群体的社会生活，这也反映在新群体的权利诉求和利益主张上。在社会急剧转型时期，失去了“熟人”道德监督的个体潜意识中的暴戾、反抗、报复等有害冲动的一面，也越来越表现出其易发性、多发性特点，甚至表现出了常说的群体无意识现象，表现出对既有秩序和规则的无视、挑战或破坏冲动，表现为某种突发性、非预警性的群体性事件。

由此可见，当旧时序正在断裂、新时序正在形成的时刻，农村群体的新乡情建设越来越多地有着权利意识和功利意识，传统的道德平衡功能和乡情制约力量迅速逝去。而能够弥补和承担乡情作用的社会力量和新群体的心理认同并没有迅速得到建设。法律和秩序的力量没有完全担负起乡情曾经起到过的作用。比如个体权利意识的觉醒造成政治参与供应的不足，直接冲击乡情的群体性基础。①

第三，断裂与重建：流动群体的陌生性，使交往行为失去了亲情和乡情的制约。

新群体中的个体，由于离开了熟悉的人际环境，加之工业生产和城市生活的物质力量，让其结成了一种具有明显功利化特色的关系。随着熟人社会逐步瓦解，道德自律及其道德监督力量往往会相对弱化，熟人社会中的道德监督作用、责任意识都已发生改变。

当代新群体关系往往都是建立在陌生人群之中，以发生在陌生人之间的交往为其基本特征，它们具有强烈的陌生性、变动性、多样性。正像有研究指出的，“随着现代社会生活秩序的确立和强化，公共生活领域与私人生活领域之间的界限和分化日益明显，而且，前者的不断扩张与后者的不断萎缩几乎是同时发生、不断加剧的。这一点已经被视为现代社会及其发展的基本特征之一”。② 这种社会中新的道德关系已经不再是传统的代与代之间长期形成的区域继承关系。由于群体的非组织性流动，个体的交往对

① 据研究，在有的地方，仅有16.7%的返乡创业群体表示参加过一次以上的村庄事务决策，有69.6%的返乡创业群体表示从没有参与过村庄事务的决策。参见杨珉等《江苏农村政治文明发展报告2013》，科学出版社，2014，第14页。

② 姜姝、王建光：《时序与家园的道德张力：流动群体中的乡情背反研究》，《南京农业大学学报》（社科版）2015年第6期。

象大都是陌生人，更多的排他性行为、利益互斥分配和排他性权利都发生在陌生人中间，个体与陌生人之间的道义和责任关系也变得复杂不定。

建立在简单的善恶关系上的道德以及具有心理情感趋同性的乡情，难以调节在现代工业社会基础上建立起来的人际关系和利益格局。在传统亲情和乡情社会向现代新型社群关系的转变中，人际关系出现了某种程度上的情感断裂，新的乡情意识和情感认同还没有相应形成。那些曾经起到维护社会秩序重要作用的乡情文化和传统认同，越来越失去其有效的约束性和现实的规范性。个体在新社会群体中的无序行为日渐成为社会易发和多发现象，这种无序的行为对社会的破坏性和危险性也就越来越大，从而使当代社会秩序建设面临许多新的问题。

第三节　返乡创业群体重建新乡情

超越乡情背反，并不是一个空洞的玄学命题，而是为了建设一个秩序良好的社会，保证社会和谐与发展，促进新的道德时序建设。这种对乡情背反的超越，就是要在返乡创业群体的流动中、在道德时序的建构中，建设一种植根于心的群体利益关系，既能继承区域文化的优秀传统又不囿于区域人际交往的简单继承性和排他性的现代新乡情。

第一，强化返乡创业群体建构的物质基础，建设新型利益共同体。

超越乡情背反，不仅不能脱离群体的社会生活，而且必须强化其共同的经济活动作为超越乡情背反的物质基础。只有以共同利益诉求为基础的群体，才能成为和谐的群体。所以，在返乡创业群体的观念培育中，必须剥离传统乡情功利诉求的封闭性特色，通过强化利益共同体的意识，形成开放的群体利益观念，并以此种观念调节新型群体的利益诉求。

“秩序是一种旨在追求社会生活基本或主要目标的行为方式。”[①] 群体秩序是维护群体利益的重要保证。乡情的重要作用在于通过其道德秩序建构以维护群体的共同利益。在农业社会中，由于群体空间结构的相对稳固和文化情感的代际传承，其中的乡情往往成为维护群体秩序、协调利益关系

---

① 〔美〕塞缪尔·P. 亨廷顿：《变化社会中的政治秩序》，王冠华等译，三联书店，1989，第25页。

的主要力量之一——“乡里乡亲”一词，说的即此意。乡情事实上也成为化解或抑制乡村生活失序的重要道德武器。

在以陌生人为主体的新型群体关系中，其传统的乡情已经愈加淡化，人际关系的物质性基础也已经失去曾经具有的力量。失去了道德时序的支撑，群体往往会出现生活的混乱与道德的困惑。失去传统乡情的群体关系准则，其秩序调节作用也已经大大减弱，在局部地区和部分时间甚至失去其曾经有过的作用。当代社会中大量无序事件往往都发生在陌生人群体中。无序或失序，俨然已经成为现代社会的一种重要灾难。麦金太尔在其《追寻美德》中曾举例说明罗尔斯和诺齐克的社会预设，社会大众仿佛是船只失事后被抛到荒岛上，每一个人都和自己不认识的陌生人在一起，彼此都不认识，这时只有通过制定的规则才能最大限度地保护每一个人。①

对规则的重视与遵守，是现代社会群体的重要特征，必须把道德属性的乡情，转化并建立在对“群体规则”的确立及遵守基础上。当前在新的陌生人群体中的道德调适和角色重新安排，对规则秩序有更高要求。只有通过对新群体规则意识的强化来重建道德时序，才能建立和维护一种良好的社会秩序，获得群体的最大利益。显然，加强社会群体的规则建设，以规则意识代替简单的乡情意识，不仅是超越乡情背反的心理基础，更是对群体利益的最大保护。

简言之，在陌生人社会中，创建新的道德时序，要重在加强对社会群体规则意识的培育。这种规则意识的培育重在体现那种超越了血缘亲情和区域传统的公共利益认同，明确并贯彻“乡情—秩序—利益”间的正相关联的意识及其精神力量。

第二，充实乡情中的道德内涵，丰富新乡情的时代精神。

在传统的熟人社会中，群体道德往往被凝练成一种亲情和乡情的东西。乡情不仅以道德为内涵，乡情也是群体生活的道德载体。群体中的利益冲突等一些排他性的选择或行为，都可以通过亲情和乡情的润滑而得到处理、抑制或化解。尽管这种处理结果未必是公正的，却是大家能够接受的。

当代，由于返乡创业群体的快速流动，群体构成的稳定性与传承性在

---

① 〔美〕A. 麦金太尔：《追寻美德》，宋继杰译，凤凰出版传媒集团、译林出版社，2008，第284、167页。

不断弱化，群体中的个体关系表现出复杂、多变和流动的特点，道德时序的断裂已经影响乡情的道德调节功能，这造成三个主要问题：第一，熟人社会中曾经存在的道德之善，更容易转化成为乡愿之善；第二，由于道德建设是在熟人社会中进行的，所以在陌生人群体中，道德建设则被认为失去了其必然性和紧迫性；第三，由于道德作用往往都是通过乡情才能真正起到作用，而传统群体的物理性解体，也在部分群体中造成乡情与道德的分离。[①]

和谐稳定的道德时序的重新建构，是在陌生人社会中建设新乡情的基础。这或许正是亚里士多德所说的那种善，“它是当一个人自爱并与神圣的东西相关时所拥有的良好的生活状态以及在良好的生活中的良好的行为状态。”但是，如果没有良好的现代道德精神支撑，缺少道德内涵的乡情更容易转化成一种恶，乡情有时反而成为一种功利的手段，损害了社会公共道德的建设。

马克思在其《1844 年经济学哲学手稿》中曾经通过对劳动产品、劳动者自己的生命活动等多重性规定，展开对异化问题的论述，这可为今天的乡情背反研究提供一个重要的视角。[②] 其中，劳动者的生命活动包括物质和精神两个方面的内容。显然，这种生命活动的内外冲突、精神和物质的多重困惑，正是乡情背反的重要表现。同时，由于道德时序的断裂，在一定程度上动摇了旧的“生活的道德”，因而更有利于促进新的“道德的生活”的形成。

乡情的道德内涵提升与建构需要一个能够凝聚群体的精神力量，以开拓新的道德生活空间。这是一种将乡情的道德纳入社会公共生活领域，以更广的社会包容乡情的过程。充实乡情中的道德内涵，是新乡情建设的重要内容。由于社会及其子系统中的各种因素和变量越来越具有多维性、联动性，在新群体的重构和共同家园的建设过程中，要重视在乡情建设中融入现代生活的精神、以公共利益和社会群体的共同利益为最终目标，将乡情建立在对公共利益的遵守和捍卫之上，建立在公德、规则与法度之上。

---

① 如近年反复出现的社会问题：要不要扶起倒在马路上的陌生人？这不仅是对社会大众的一种道德拷问，事实上，更反映了陌生人群体中的道德恐惧。因为这些问题一般都不会发生在熟人社会之中。

② 《马克思恩格斯选集》第 3 卷，人民出版社，1995，第 435 页。

正是在这个过程中，每一个体都将自己的全部人格因素、生活经验和人生境界融入社会生活中，从而完成其乡情的升华。

第三，强化共同家园的文化认同，培育新的乡情意识。

乡情的文化作用在于能够维护群体内部的文化认同。显而易见，传统乡情形成的区域性因素造成了乡情具有的封闭性，这种封闭性往往就会形成群体的排他性心理甚至行为。因此，超越这种乡情背反的群体基础是在新社会群体构成中加强乡情的开放性和区域文化的包容性建设。加强语言（方言）、风俗等的文化认同，做到区域和群体的互相接受，进而寻找返乡创业群体的最大文化共性。以内容丰富、特色多样的文化建设新的乡情，使区域中的外来者不会成为精神上的异乡者。

培育新乡情，正是超越乡情背反的重要手段。阿尔蒙德曾经把政治文化理解为一个“由经验信念、表达符号和价值系统组成，它赋予道德的运作以秩序和意义，限定了道德行为所发生的情势，为道德提供了主观导向”。① 其实我们也可对乡情作如此理解。在本质上，乡情是对一种道德生活和群体关系的情感体认与心理趋同，其基本内容包括外在的血缘、区域文化和共同生活方式，但本质上是群体之间的文化认同和对价值观的遵守。个体成员物理空间和生存边界的变化，并不必然意味着乡情的泯灭，反而是新乡情形成的重要文化力量。

培育群体间感情的相互接受是新乡情形成的重要保证。弗洛姆曾经说过：“通向认知具有生机灵性的人的路只有一条：经由和谐相融而非理智所能提供的任何知识，我捧出自身，我融入他人，由此我找到自己，发现自己。”② 只有彻底消弭群体的心灵距离，强化共同家园的心理认同，才能真正培育新的乡情，从而完成对乡情背反的完整超越。

超越乡情背反重在提升乡情的内涵。建设新乡情，并不仅仅是对其作一种功利的理解与利用，而是对此所形成的道德生活方式的情感体认。它需要将过往对乡情的依恋转变成对现代乡情的建设和心理接受，从而形成群体相互间的价值认同和感情接受。不论如康德所归结的那样，道德是“以你可以合乎逻辑地希望其成为法规的方式行动”，还是如后现代责任伦

---

① G. Almond, “Comparative Politic System,” *The Journal of Politics*, 1956 (18): 396.

② 〔美〕弗洛姆：《弗洛姆文集》，冯川等译，改革出版社，1991，第358、137页。

理学倡导的“行为必须使其后果与人类生活的真正永恒价值相匹配”，在新的“道德的生活”中，道德的内涵都是由一系列富有现代意识的心理、思想、态度和行为方式构成的，充满现代的道德理性和情感。这种理性是一种建立在现代市场经济基础上的社会关系的综合，体现在乡情文化的共同体中。

加强乡情的培育是对传统场域文化进行改造的过程。罗素曾就道德的情感维度这样说过：“当我们断言这个或那个具有价值时，我们是在表达我们自己的感情，而不是在表达一个即使我们个人的情感各不相同却仍然是可靠的事实。”① 今天，乡情已不再是对红砖青瓦、绿柳白杨、小院矮墙和大豆高粱的回忆和固执，因为城镇化和现代化已经逐渐抹去了这些曾经具有血缘、区域和生活方式的内涵记忆。加强新的家园情感培育，就是在不割断自己传统的同时，在新型社会关系中，更多地培育富有理解的共同家园，丰富乡情内涵，以超越简单的亲情。

新的个体正在重构群体，同时重构后的群体又以其强大的乡情文化力量重塑处于乡情困顿中的个体。超越乡情背反，就是要化解基于陌生人情结的乡情困顿。超越乡情的背反，不是要回到过去，而是在新的社会群体中形成新的情感认同和道德认同，培育新的群体认同、建设新的乡情，需要重视群体对共同家园的热爱，通过加强群体制度建设、提高群体生活的道德水平、化解文化矛盾、消弭情感距离来完成的。

陌生人社会的形成既是一种生存状态，也意味着一种发展阶段，并由此形成新的群体关系。道德时序的断裂及其对新乡情的建构，是农村社会结构急剧变化波峰之上的一种文化现象，必将对农村社会生活、道德风尚有多重影响。正是通过生产与生活方式的变革，人们建立起新的情感关系，从而形成新的乡情。这种乡情是在新家园建设、新道德建构过程中形成的。超越乡情背反，即要提升新的道德内涵，丰富乡情的时代特色，消除在新社会群体形成中的时序断裂、道德困惑和精神异乡。显然，在此语境中，农村的道德建设不仅正在经历一种有力的现代性转向，同时也使这种转向呈现一种越来越具有现代性内涵的文化形态。

---

① 〔英〕罗素：《宗教与科学》，徐奕春、林国夫译，商务印书馆，1982，第 123 页。

第四章　问题："道德焦虑"难题及其制度化解

党的十九大报告描绘了一幅"乡村振兴"的壮观图景，并且深刻指出："农业农村农民关系是关系国计民生的根本性问题。"[①] 乡村的城镇化正在经历从"熟人社会"到"半熟人社会"的时代巨变，在此过程中很容易出现逐渐弱化的"主体感"和"归属感"，拥有更多选择机会的个体也需要更加"内向化"的道德力量来维持更好的生产生活秩序。乡风文明建设的道德目标，需要在时代变迁的背景下被进一步"再诠释"和"再创造"。[②]

费孝通曾把传统的乡村道德结构看成"差序格局"建构的关系网络，梁漱溟把传统乡村社会中人与人之间的关系看成遵循"伦理本位"的基本原则。随着时代的变迁，乡村政治中人与人的联结方式发生了怎样的变化？有许多学者对此作了不同视角的考察。林耀华讨论了村庄内部人们相互竞争与合作的案例研究，杜赞奇提出了村庄中"个体人"是如何进行集体行动和集体决策的研究，都涉及道德层面的村治伦理问题。

伴随经济体制的转型和变迁，乡村内部的人际伦理关系也在不断发生演变。贺雪峰和吴毅通过对于"新乡土中国"的社会基础考察，讨论了"华中乡土派"眼中的"乡村重建"和"道德建设"主题。王铭铭曾经以社区史、信仰仪式和地方的"乡政村治"为关键词，探讨了道德理性会怎样地影响返乡创业群体的公私观念。景军以道德文化中的信仰问题为切入点，讨论了村庄的信仰仪式产生的政治和社会影响。

关于"乡风文明"的学术探索，学界普遍认为应该探寻新时代的"乡

① 《习近平谈治国理政》第3卷，外文出版社，2020，第25页。

② 以下文献均转引自姜姝《乡风文明中的"道德焦虑"难题及其制度化解路径》，《南京农业大学学报》（社会科学版）2018年第6期。其中大致涉及11名学者，此处对他们的观点进行了"再诠释"。

村精英”定位和“乡村意义”重现。“新乡贤”一词一直以高频率在政治文献、新闻传媒和学术活动中出现和传播，并且在政治学、社会学、管理学、伦理学、人类学等学科话语背景下得到了不断深入的思考与建构。

比如厉以宁等认为乡村振兴中的返乡创业群体代表了新的人口红利，是乡村走向民主政治、农村实现经济发展、农民走向致富之路的正确路径。虽然乡村精英在村庄中具有比较优势（经济资源或者人际关系），拥有较高的社会地位和支配能力，对村庄的变化和发展具有较大影响，但是也存在与“本土派”水土不服、稀释公共资源、阶层政治排斥等现实困境，比如贺雪峰就认为当代村庄精英作为一种精英政治实践，是不可避免的发展趋势，而金太军等采用了体制内与体制外或治理与非治理精英两分法，这些都意味着乡风文明建设是基层精英政治的延续和表现。

上述研究或多或少地涉及村庄中的个体联结方式，以及其中隐含及嵌入的道德元素，为本书讨论返乡创业群体的道德结构和返乡创业群体的道德行为方式奠定了较好的研究基础。本书试图从一种新的道德问题和道德现象出发，从文化、结构和制度的角度探究其返乡创业群体中的“道德焦虑”现象的发生逻辑、演变趋势等。

第一节 “返乡创业群体”的情感失衡

在城镇化快速推进和劳动力迅捷流动的时代背景下，传统的乡村社会正在经历“意义世界”和“价值基础”的巨变。受国家政策和市场经济的双重作用，这是一个新的“乡土中国”，更是一个常在常新的“现代社会”，返乡创业群体需要更多的、符合现代化发展的道德观念和行为方式——也许应该多一些个体主义、普遍主义和协作精神，少一些地方主义、熟人网络和自利思想。①

现代社会的转型，使乡村社会群体产生了一定程度的道德焦虑。所谓“道德焦虑”，本是伦理学概念，它不仅有道德选择的情感困惑，也包含一种由难以应对造成的浮躁不安的心理状态。根据弗洛伊德的研究，道德焦虑的本质是一种复杂的情绪构成，能够升华和净化原始本能，并且在相当

① 贺雪峰：《新乡土中国》，广西师范大学出版社，2003，第 18 页。

程度上影响人的行为取向和行动创构。[①] 在政治社会学学者库尔特·韦兰看来，道德焦虑意味着外在制度环境和内在道德秩序的失衡，它体现于人们心存对善的最高追求。库尔特·韦兰是一位新制度主义学者，他在研究制度变迁和政治文化的联结方式时提出了重要的"文化供给"模型。[②] "道德焦虑"虽然不是其理论中最核心的概念，却是政治社会学中研究道德和制度关系不可绕开的一个理论话语。行为体在开始对"善"进行追求，却出现了"伪善"或者是"恶"的结果时，会遭遇选择困境，同时道德和制度的双重约束力会给这一选择困境带来精神困扰。

一　价值观的"善行恶报"与"恶行善报"

在邻里关系和返乡创业群体与上级关系的链条中，往往会出现返乡创业群体因为"善行"得不到善报而在选择时出现困惑，部分返乡创业群体甚至会出现"人善被人欺，马善被人骑"的"善行恶报"式心态。

在观察村委会选举中，有学者曾经提出"恶人治村"这样的"非道德式"发现。[③] 在人们的道德想象中，谁会选一个恶人来管理村庄呢？但是实际情况比预期复杂得多。在对江苏沭阳 S 村返乡创业群体的访谈调研中发现，过去的老支书是一个拥有 20 多年村务工作经验的"好人"，深得返乡创业群体信任。但在 2009 年后，他成为"城归"，在南京、上海等地创业，村中事务一时群龙无首。后来选举的返乡创业群体村支书是一个性格强势、能力不错却私心很重的"恶人"，这样道德品质不过关的人物怎么能够成功当选？但是恰恰一部分返乡创业群体认为的"好人"因不敢得罪人，最终把握不住村子的发展机会。虽然新支书人品差了一点，也肯定会有经济上的问题，但是他的能力不至于为村里赚不回他贪去的那点钱。

这就形成了"恶人治村"下的一种道德焦虑。返乡创业群体越是认为"道德无用""仁慈无用""官官相护"，就越是对村干部不满，干群关系就

① 根据弗洛伊德的论述，"道德焦虑"的本质是一种道德冲动。转引自 Mitchell Cohen and Nicole Fermon, eds., *Princeton Readings in Political Thought* (Princeton, N.J.: Princeton University Press, 2006), pp. 560-564。

② 〔美〕麦金太尔：《道德困境》，莫伟民译，《哲学译丛》1992 年第 2 期。

③ 贺雪峰在《新乡土中国》中，专门有一节谈到"好人治村与恶人治村"。在他的笔下，这已经不仅仅是当选村干部的道德素质问题，而是涉及选举制度的设计更加有利于怎样类型的村干部当选。参见贺雪峰《新乡土中国》，北京大学出版社，2013，第 94~97 页。

越是紧张，就越不愿意交纳税费。县乡就越是依赖那些狠人、强人来当村干部，且越是要让这些人得到好处。问卷调查显示，问及“做生意赚钱是有本事，采取什么方式不重要”时表示“非常同意”“同意”的占57.5%，表示“比较同意”的占8.2%，表示“不同意”的占34.3%。以上两端，就在村庄中形成了非常有趣的“道德焦虑”循环。

二 政治参与的“角色黑箱”

道德焦虑涉及政治参与时也表现十分突出，尤其是乡村社会的发展经历了结构性的变化，原本建立在农业生产方式上的道德观也由此改变。这一现象可以用生态学中的“黑箱”模型来解释，所谓的“角色黑箱”根据政治行为的输入—输出关系而建立，反映了返乡创业群体的政治行为和政治参与的一种笼统的直接因果关系。传统乡村社会是一种“差序格局”，每一位个体成员在他的“角色黑箱”外都不断地深化社会关系，它以生活在乡村结构中的“熟人”为群体基础。

在变迁中的乡村社会，道德焦虑现象表现为“角色黑箱”中政治信号输入和输出的不均衡，即“角色不可重叠性”。这一特性突出体现为以下几种指标的“游移”：人际关系、财富、对于政府权威的认识、家庭主义、革新精神、志向、世界观与满足感、移情能力。政治参与的“角色黑箱”可以从村干部和返乡创业群体两个维度进行观察。

一方面，政治参与的道德焦虑表现为村干部的“好事难办”现象。在农民的税费负担取消以后，政府的服务型功能也得到了强化，干群关系应该更加融洽。然而，在对参加金湖县M村村委会2016年换届选举的返乡创业群体进行回访时，却发现一些不太和谐的杂音。在村子的低保名额分配上，有些不符合低保条件的人却能“吃上低保”，因为他们是村干部的关系户。村干部往往也会通过这样的“特权”分配，获得部分返乡创业群体的支持以加强私人关系。类似为了提高农民基本生活保障而实行的低保政策，却被某些村干部私用，这也是引发“道德焦虑”现象的重要表现。

另一方面，政治参与的道德焦虑表现为返乡创业群体的政治态度、信仰、感情和习惯，在特定的心理结构和思维模式中呈现角色冲突。角色黑箱往往会输出不和谐的结果。

其一，政治输入小于政治输出。不少返乡创业群体并没有对政治选举有多少参与热情，对于政治过程和政治活动的角色和价值也漠不关心，即使参与了返乡创业群体选举，政治反馈和体系信号也是消极的。而政治体系则在道德宣传和三令五申中不断发出信息，这样的不对等状态导致上面的指示根本得不到下级执行，只能各行其是和应付了事。问卷数据显示，当问及"你们村党支部选举工作总体上符合相关规定?"时，64.3%的受访者表示"非常符合""符合""比较符合"，但表示"不符合""不了解或不关心"的比例也近1/3。

其二，政治输入大于政治输出。主要表现为部分农民的政治参与意识和权利意识逐渐萌发，但是广大农民群众对于道德宣传的各种意见难以反映到政治体系当中。返乡创业群体在政治权益受到损害时也会有选择性地回击，能够坚决反抗政治决策的不公正，返乡创业群体的政治意识也更趋于自主，赞同自立，不等不靠，主体意识萌发，更加赞同那些道德品质较高、办事公道、品行端正、有文化知识、敢为返乡创业群体说话的村干部。当问及"当发现身边基层干部不公正时会怎么做?"时，52.3%的返乡创业群体回答"只要发现就挺身而出，维护人民利益"，27.4%的返乡创业群体回答"想伸张正义又担心后果"，20.3%的返乡创业群体会选择"在不涉及自身利益时睁一只眼闭一只眼"。当村干部的某些自利行为引发村庄社会的矛盾和怨气时，返乡创业群体很少会将这样的问题归结为领导的道德品质问题，而看作"上面不作为"，导致基层组织合法性的削弱。

三　乡情中"理想与现实"的强烈对照

所谓的乡情，是指对存在于一定区域群体之间的关系及其文化传统、生活方式在情感上的互相认同，其基础是群体关系的相对稳定性和群体生活道德的一致性。[①] 在全新的社会结构中，返乡创业群体与熟悉的家园环境进行了短暂的告别，投身到工业化、城市化进程中。这主要包括两种类型：一种是一部分返乡创业群体出于生活、就业等原因大量迁徙到城市，成为城市新的"外来"务工人员；另一种是在经过规划的，以行政和经济力量推动的群体迁徙与聚集过程中，从城市回归乡村的返乡创业群体

① 姜姝、王建光：《时序与家园的道德张力：流动群体中的乡情背反研究》，《南京农业大学学报》2015年第6期。

一族。

在波澜壮阔的城镇化浪潮中，流动群体中的返乡创业群体很容易出现道德焦虑，这种道德焦虑就来自理想与现实的反差。这种道德生活显然存在不同于往昔的焦虑，比如面临新生活的人们会发现，现实社会没有想象中那么美好，理想与现实的落差往往会形成内心的焦虑。

这种理想和现实的落差不仅切实存在，而且已经在人们的心理预设中成型。问卷提到，“您认为农村居民和城市居民应该享有一样的权利吗?”64.9%的返乡创业群体认为“农村居民应该和城市居民享有一样的权利，但是现实生活中做不到”。甚至人们会发现，传统的户籍制度、经济福利、社会公平和政治权力等资源分配不均虽然正在向积极的方向转圜，但仍然无法满足绝大多数“外来者”的愿望。

同一个城市原住民和外来务工人员可能形成复杂的互动关系，这些关系可能呈现于农民工在城市发展中的角色问题、农民如何看待城镇户口、对外来务工者的生存状态问题的关注和看法。这些生存状态暴露的社会状态，不仅是社会问题，也是道德问题，是一个良性的社会“应该怎样”的应然问题。

之所以在城市缺少归属感，或者对“农村居民和城市居民应该享有一样的权利”心存疑惑，或者是觉得在外打工依然“很辛苦，没有家的感觉”(问卷调查有62.7%的返乡创业群体选择此项)，不是因为对这些道德议题和道德困境的态度缺少关注，而是因为在遭遇心理挫折之后依然缺少践行的勇气。心中空存美好的理想，却对现实的期望不切实际，这就可能加重内心的焦虑情绪，并且影响人们道德行为的再次选择，造成个体的损失和社会资本的损失，甚至会直接影响社会价值观的构建和伦理秩序的稳定。

第二节　道德与制度主体间互动的视角

道德焦虑会引起一系列价值观、价值标准、政治意识和社会乡情的不平衡，而身处其中的返乡创业群体正是在一系列剧烈的社会变迁和变革中，经受多重的道德困境。道德焦虑的成因多种多样，但总体是“情势性的”(situational)，受社会环境、制度文化和内部资源的制约和影响。这一原因机制的解释恰恰可以通过库尔特·韦兰的制度变迁理论中的"制度供给"概念[①]来说明。

第一，外部制度环境和内部道德秩序之间的悖论。

韦兰认为，在外部制度环境和内部道德秩序发生"不连续性"时，道德主体将有可能突破规则和传统，拒绝外在制度的约束，形成"道德焦虑"。[②]

在城市化和逆城市化交互作用的今天，众多返乡创业群体要么告别了熟悉的家园环境，背井离乡寻梦城市；要么怀揣寻找机遇的美好愿望，成为新一代返乡农民工创造商机。他们面临陌生的外部环境、快速流动的人群和变动不居的习俗规范，约束人的道德秩序和道德行为也在发生转变，属于"外部因素"的道德观念和道德标准影响个体，能够形成新形势下的道德观和道德秩序。道德失去了制度环境的外在效力，也使他律将以一种全新的面貌得以呈现。

行之有效的"旧"道德评价标准不断遭受挑战、不断自我更新，而新的道德评价标准更需要充足的制度准备和时间储备。在这样的转型时期，价值评价标准和价值追求的"起伏不定"使人容易产生忧虑、疑惧甚至不安。尤其是在传统乡村向现代社区的"切换"中，群体之间的流动性增强，街坊、邻居、宗族等群体关系正在变得快速"空心化"，置身于其中的返乡创业群体面临断裂的"时序"和"再造"的乡情。

外部环境的时代变迁是诱发道德焦虑的重要因素，也是必然的结果、时代的产物。当人们追问"我们为什么需要道德"，也就是在质问曾经发挥约束能力的制度规范为何失去了效力，道德规范和道德义务的基本信仰为何遭到了破坏。

传统中国乡村的道德生活宁静而富有秩序性制约力量，而变革中道德秩序则充斥突破曾经羁绊的激动，也有面临新生活和新秩序的不安和惶惑。传统的农村经济结构正在由小农经济向市场经济、区域经济和全球经济转

① 韦兰考察了"突变"的供求两方面，当预感到损失惨重时，人们往往会采取更加消极、冒险和激进的举动，来"赌上一把"；当前景比较乐观时，人们往往会基于"守成"考虑，不太愿意采取改变现状的行动。参见 Kurt Weyland，"Toward a New Theory of Institutional Change"，*World Politics*，Vol. 60，Jan 2008，pp. 281-314。

② Kurt Weyland，"Toward a New Theory of Institutional Change"，*World Politics*，Vol. 60，Jan 2008，pp. 281-314.

变，道德舞台也因之变得焕然一新。从传统的熟人社会到变动不舍的陌生人群，人们面临道德选择的两难：是将功利主义的利益标准作为行动准则，还是坚守过去习惯的道德准则和道德底线，这就出现了时代变迁背景下的选择困境。

在以“美丽乡村”为主题的调研中发现，返乡创业群体对生态保护和经济发展之间辩证关系的认识也经历了一个复杂的过程，是一种从“生态友好”到“生态责任”的历程。在对沭阳S村返乡创业群体的访谈调查中，不少返乡创业群体已经把生态保护看作一种个体责任，而不仅仅是政府责任，这是在新的历史变革时期应时而生的必然道德要求。在回答“建设美丽乡村，您认为最重要的因素”的问卷调研时，38.2%的返乡创业群体认为需要“政府的引导”，42.7%的返乡创业群体认为“人人有责，从小事做起”，而19.1%的返乡创业群体认为需要“舆论的监督和制度的保障”。可见，道德的自律功能进一步被强化，而道德的主体也会在新的时代背景下浮动和调整价值标准。

第二，经济制度是影响道德秩序的“功利性力量”。

韦兰认为，根据“报酬递增”（increasing returns）概念，某一制度带来的递增报酬有可能有利于“帕累托最优”的分配结果，使相关行动者受益。现代中国最大的变化是从农业中国变为了“市场中国”，以经济和科技为基础的市场元素正在重新建构人们的生活方式和行为方式，也使人们对于“幸福感”“道德感”的追求出现了一定程度的背反。[①]

一方面，物质生活极大丰富、现代文明高度发达、技术植入快速彻底，人们的选择能力和选择方式显得多重而复杂，这是一种生活方式的“外扩化”和“多元化”；另一方面，在社会思潮多样化和信息社会大爆炸的同时，精神文明的进步和发展相对“异样”，人们在价值观剧烈的波动和冲击中会出现不同程度的担忧和疑惑，这也是物质和技术这把双刃剑带来的“副产品”。从长远来看，这样的精神困扰和精神不安会导致道德恐慌。

在传统乡村社会，稳定的人际网络和熟稔的社会交往是道德得以发挥作用的重要伦理基础和价值基础。人与人之间的关系由简单的“善恶”原

① Kurt Weyland, “Toward a New Theory of Institutional Change”, *World Politics*, Vol. 60, Jan 2008, pp. 281-314.

则相指引，这是一种对传统美德的维护和遵守，也是对较为稳定的习惯角色进行服从和认同。

另一方面，在市场经济的现代社会，以金钱和权力为媒介的强大体系开始渗透到生活的方方面面，并且不断地越过生活的边界。生活的领域由此不断收缩，个人意愿和社会需要相互冲突，技术和道德相互脱节，最终引起生活世界相对于体系世界的强烈反抗。

在乡村社会中，经济的发展以及追求品质生活的价值观，会重新塑造群体关系和人际交往，使乡村社会中的道德形象已经不仅仅包含乡情内涵，还包含经济、市场的内涵。在问卷调研中发现，超过半数的返乡创业群体认为“做生意赚钱是有本事，采取什么方式不重要”，73.6%的返乡创业群体选择了“人与人相处，诚实守信、宽以待人是起码准则，这也是市场经济的客观要求”选项，“经济优先”“效率至上”等观念已经深入人心，这直接影响返乡创业群体人与人之间、家庭与家庭之间的经济交往。

市场经济在乡村社会的发展依然不够完善，这就使道德的自我发展受到一定程度的制约和限制，不少返乡创业群体对市场经济的理解也较为狭隘和片面，简单地用“利益的最大化”进行定义，而对于它所需要的道德水平、道德境界和道德环境视而不见。

正如亚当·斯密所表达的那样，充满了开放境界和竞争要素的市场经济会直接或间接地影响人们对未来的担忧和期许，充斥生活的不确定性和内心的焦虑不安都可能影响道德培育的群体性基础。①

第三，道德认同的“知”和道德实践的“行”之间的联结失衡。

道德认知是道德主体进行自我调适、自我归正和自我学习的前提和基础，也是道德主体承担道德责任和履行道德义务的动力和保证。在传统乡村社会中，道德认知体现在返乡创业群体对村规民约等道德规范的理解和认识，是一种亲情和乡情的情感表现，也会影响行为体的道德理性和道德判断。

在社会变迁的时代背景下，传统的道德标准和旧有的心理情感，已经不能仅仅停留在善恶原则和情感趋同上了，而是需要建立在新群体格局中的人际关系和利益格局的基础上。比如，道德选择涉及人生观和价值观的判断和选择，常常会因为道德的背反和选择的困境面临两难选择。问卷调

① 转引自〔美〕彼得·德鲁克：《后资本主义社会》，上海译文出版社，1998，第52页。

研中，对于“邻里之间有困难就要相互帮助，而不是信奉多一事不如少一事”这样的问题，返乡创业群体却表现出了超乎寻常的冷漠，仅有27.8%的返乡创业群体选择了这一选项。人们遭遇“好心没好报”的不幸结局而产生困惑，也是一种道德主体在道德认知失衡时所出现的自然反应。

这种“知”，还在于群体关系发生变化时经常出现的情感失衡和情感断裂。过去的乡情纽带和乡情联系还未结束，新的乡情意识和乡情认同还未形成，过去的文化、传统和历史不能够进一步维护社会秩序，也就无法对道德主体形成“认知”上的指示，自然也无法对道德行为进行有力的约束和实际的制约。

在变化迅速的时代，群体间关系复杂不定，各种类型的“知行不一”或“知”而不“行”会使人们产生种种道德失衡，道德焦虑就是其中一种重要的结果。这种无序和失衡对乡村道德文化起腐蚀、破坏的作用，也容易产生极大的隐患，使当代乡村社会的道德秩序重建面临诸多重要可能性。

第三节 乡风文明的制度建构

道德焦虑是一种选择困境，在道德文化中对道德焦虑的化解需要引入一定的理论建构来实现道德的稳定性和“自我实施”。[①] 这建立在两个前提之上。第一，制度公正。制度变迁的外在环境需要制度本身进行不断自我更新，在此过程中各方利益需要达到平衡，集体行动的困境需要加以克服，权利和义务的公正需要被进一步强调。这也是制度的合法性得以成立，社会的公正性得以维护，以及一种制度是否能够得到绝大多数人支持的重要基石。第二，制度效率。公平还是效率，这是道德制度化的一个典型难题。制度主义者们普遍希望将道德问题制度化、法律化，甚至借助制度和法律的规范实现“公众行为尽可能地符合道德”，也就是建立一种“他律”。

“制度供给理论”的表现形式主要包括：第一，为个体的行为选择提供结构化和稳定化的“路线图”功能；第二，起协调整合作用，消弭不同道德行为中分歧的“黏合剂”功能；第三，内化为道德主体意识和行为的

---

① Andrew Cortell, Susanpeteraon, Altered States, “Explaining Domestic Institutional Change”, *British Journal of Political Science*, 29 (1), 1999: 177.

“代理人”功能。

一　环境“路线图”降低交易成本

契约、准则和准协议等制度框架能够有效地提供交易信息，并且降低遵守承诺的成本、增加违反承诺的行动成本，也就是新制度主义描绘的“制度降低交易成本”。

制度降低道德成本的过程，通过制度对个体道德选择的偏好、行动和影响，塑造道德观念和道德行为。作为“路线图”，它不仅仅从外部规定了“道德应为”，还指明了在一定的制度环境下，拥有道德品质的人们能够把自己想象成“道德如何”。也就是说，它为特定社会化过程中的角色提供了内在化的“行为规范”和“认知模板”，使道德行为能够在制度环境的约束之下，进一步被“教化”和“塑造”。

一方面，在乡村的道德文化“场域”中，道德“必需”的规则和制度得到了重视。制度形塑道德，体现为制度环境下道德角色的合理配置、道德空间透明宽松、群体沟通渠道畅通，等等。在道德“联结”的种种群体关系中，只有拥有共同的群体规范和社会规则，才能够成为和谐的乡村社会。

另一方面，没有以秩序为目标的道德教育和实践，没有规则和制度要求的道德，也是一种伪善。在“好人治村”和“恶人治村”的矛盾背反中，那些牺牲公德、缺乏决断力的“好人”之所以没有市场，是因为他“偷换”了善的概念，没有看到现代社会中制度和秩序是最高的善。只有良性制度下的“善”，才能够有效地降低人与人之间的交易成本，特别是“陌生人社会”“半熟人社会”中的善。

传统的道德纽带——“乡里乡情”，能够为制度环境下群体秩序的维护设置较为稳定的价值标准。比如，在对金湖县 M 镇街道办的“返乡创业群体自治”实践调研中发现，如果邻里之间因为利益纠纷而发生不快时，如果能够建立一种第三方介入、建立在公平公正基础上的“调解式”机制，就能够最大限度地“裁断善恶”。虽然不一定能够使每一个人都满意，却是大家都能心悦诚服地接受的。

二　政治参与缓解“信息不对称”

信息不对称还会造成政治市场的重要信息缺失问题。比如典型的“劣币驱逐良币”，一个想要购买旧车的买主不得不提防买到次品。如果缺乏全面的信息，又缺乏合适的制度安排，便会使相互有利的谈判协议难以达成。[①]

在村庄运作的政治实践中，只有增强返乡创业群体的政治参与意识，才能更好地提高返乡创业群体的道德自主意识，践行道德行为，充分发挥人的主体性，缓解“信息不对称”问题。对于道德现象的缺失不能随波逐流，人要充分发挥自我的主观判断和评判是非善恶的能力。只有返乡创业群体更好地熟悉民主机制和民主程序，积累充分的民主政治实践经验，加强民主意识的熏陶和民主演练，才能更好地提高道德自主意识，判断是非善恶，建立良好的社会伦理秩序。

道德焦虑的化解也需要进一步完善返乡创业群体的民主意识和政治自觉，包括拓展制度化参与渠道、充分掌握信息、拥有更多的政治参与权和知情权。同时，在实地调研中还发现，进一步完善“返乡创业群体理事会”等自治组织，能够从制度建设方面充分保障村务公开和返乡创业群体自治。搭建一个可以交流、处置、落实的工作平台，确保返乡创业群体话有地方说、理有地方讲、困有人帮、惑有人解，能够有力地推动基层返乡创业群体政治诉求和生活需求的解决，让制度创新和信息公开成为道德文化的减压器。

三　创建新乡情以实现“道德均衡”

在制度文化的分析框架中，道德元素可以看作其中的一个变量。当道德受到制度的约束，并获得制度安排带来的好处，“道德均衡”就更加有利于实现。“道德均衡”包括在制度谈判中，所有谈判者的经济力量和交换总体达成了和谐的安排，没有一个行为者发现将资源用于再分配是有利可图的。[②] 同样地，实现情感与理性良性互动、充实道德内涵的新乡情有助于实现这种均衡状态。在乡村社会中，群体的道德关系往往被凝练成一种亲情和乡情。群体在发生利益冲突时，便很容易产生“道德焦虑”，也就是道德资源分配的数量不均衡和质量不均衡。

新的道德公共物品，需要由道德文化构建的新乡情进行“制度改造”。

---

① B. Guy Peters, *Institutional Theory in Political Science: The New Institutionalism*, London, New York: Pinter, 1999, p. 141.

② 〔美〕道格拉斯·C. 诺思：《制度、制度变迁与经济绩效》，杭行译，上海三联书店，1994，第115页。

它是一种特殊层次的情感，是维系社会组织中人际关系的桥梁。缺少情感的维系，人只是社会组织中孤立的个体，将不会存在信任、友爱、帮助，也就不会有道德世界中的"善"。

新乡情的培育可以使道德认知直接外化为道德行为，从而真正做到"知行合一"。道德情感被唤醒，并被进一步发展成为道德执着，道德其实就是人们内心自愿遵循的秩序。这种秩序进行了自我更新，不仅可以消解道德焦虑产生的精神困扰，甚至有可能将这种消极的道德焦虑转化为积极的道德情感，从而使道德情感在维系道德秩序和伦理功能方面发挥更重要的作用。

在当代乡村社会，道德焦虑现象的出现给原本就居于转型时期、变动不居的社会生态和政治文化带来了危机：第一，价值观的"起伏不定"，尤其是共同的道德治理基础难以建立起来；第二，政治参与缺少公认的规范，需要更多的制度与法律支撑；第三，乡情中理想与现实的强烈落差，使"农民工"和返乡创业群体在城乡融合进程中缺少认同感和归属感。

通过归纳、整理和提炼道德文化中的价值观、政治参与和乡情命题，发现乡村社区普遍存在的"道德焦虑"是新乡风建设亟待解决的社会心态问题。这种道德焦虑表现在返乡创业群体价值观的嬗变、政治参与的供应不足以及"乡情"效能感的断裂所带来的情感、认知、信念中，是一种复合形式的情感失衡，需要在制度文化的基础上进行重新设定。

根据韦兰的"制度供给"理论，可以尝试建立一个制度主义的研究架构，来规范道德选择、培育主体意识、实现道德约束、培育乡风文明，对道德文化进行制度性分析。制度从硬约束入手，通过改善环境、降低订立契约的交易成本、增强供给能力，有效地结合自律与他律。它能够改变道德的"软约束"内核，充分培育个人的自觉意识，增强制度框架下道德约束的主动性和灵活性。

道德焦虑发生在乡村社会不断遭遇"现代性"的新时代中，是因理想与现实、自律与他律、本我与超我之间的落差与张力而产生的一种选择困惑，亟待在乡风建设的框架中得以缓解和完善。这就需要加强道德文化和制度文化的重构与重塑，在新的社会群体中形成共有的情感认同、道德认同和制度认同，并且通过进一步的时序重建、道德解困和道德共同体建设，培育具有现代性内涵的乡风文明。

第五章　功能：党建引领“返乡创业群体治村”

第一节　返乡创业党员群体充分发挥先锋模范作用

党的十九大报告指出：“党的基层组织是确保党的路线方针政策和决策部署贯彻落实的基础。要以提升组织力为重点，突出政治功能，把企业、农村、机关、学校、科研院所、街道社区、社会组织等基层党组织建设成为宣传党的主张、贯彻党的决定、领导基层治理、团结动员群众、推动改革发展的坚强战斗堡垒。党支部要担负好直接教育党员、管理党员、监督党员和组织群众、宣传群众、凝聚群众、服务群众的职责，引导广大党员发挥先锋模范作用。坚持‘三会一课’制度，推进党的基层组织设置和活动方式创新。”① 对于当代中国来说，农村是中国共产党最大的社会基础和群众基础，是党的政治大厦的重要基石。

农村基层党组织是中国共产党在农村全部工作和战斗力的基础。返乡创业党员群体在农村的政治动员、返乡创业群体自治中的正确导向以及党员先锋模范作用的发挥，对于巩固党的执政地位的重要性不言而喻。根据2018年中央、省市农村工作会议决策部署、相关文件精神，结合实证调研和江苏实际，推进江苏基层党组织政治建设是贯彻落实乡村振兴战略、“强富美高”新江苏建设的重要抓手。

---

① 《习近平谈治国理政》第3卷，外文出版社，2020，第51页。

一　背景

（一）农村是中国共产党最大的社会基础和群众基础

美国政治学家亨廷顿在其著作《变化社会中的政治秩序》中指出：“在现代化政治中，农村扮演着关键性的钟摆角色。它不是稳定的根源，就是革命的根源。”① 当代中国农村的政治、经济、社会均发生着前所未有的变革。

党的十八大以来，江苏积极贯彻习近平总书记系列重要讲话，特别是视察江苏重要讲话精神，扎实推进现代农业发展，全面深化农村综合改革。农业经济结构发生深刻变化，新经济组织大量涌现，农民成为自主经营、自我管理的主体；农村社会出现阶层分化；农民主体地位确立，农民思想更趋开放；农村人口流动打破社会固有结构，使农村治理面临突破与转型，对中国共产党的农村工作和农村党建提出新的挑战和要求。在这样的背景下进行党建引领返乡创业群体的理论与路径研究，在理论和实践上都极具现实意义。

（二）政治建设是决定党的建设和效果的根本性建设

党的工作最坚实的力量支撑在基层。基层党组织功能的发挥，直接影响党的执政基础。旗帜鲜明讲政治是我们党作为马克思主义政党的根本要求。党的政治建设是党的根本性建设，决定党的建设方向和效果。要在坚持党的自上而下的统一领导前提下，体现不同层次、不同领域党组织的具体职能，充分发挥基层党组织的政治核心与战斗堡垒作用。

坚持以习近平新时代中国特色社会主义思想为指引，全面贯彻党的十九大精神，坚持党管农村、优先发展，健全完善党的农村工作领导体制机制，全面落实“四个优先”，确保乡村振兴的决策部署有效推进。加强政治建设，强化农村基层党组织的政治引领功能，必须重视做好思想政治工作，推动党的路线方针政策在农村落地生根。农村基层党组织必须实现政治属性与服务功能的统一，在坚持围绕中心、服务大局、拓宽领域、强化功能的基础上建设认真贯彻党的路线的桥头堡。

---

① 〔美〕塞缪尔·P. 亨廷顿：《变化社会中的政治秩序》，王冠华、刘为等译，三联书店，1989，第 241 页。

（三）党组织有责任也有能力、资源应对转型对于农村社会内生秩序的挑战

《中国共产党章程》指出："党的基层组织是党在社会基层组织中的战斗堡垒，是党的全部工作和战斗力的基础"，[①] 并规定"街道、乡、镇党的基层委员会和村、社区党组织，领导本地区的工作，支持和保证行政组织、经济组织和群众自治组织充分行使职权"。

农村基层党组织处于农村社会结构中，是农村各种组织和各项工作的领导核心，农村社会作为党组织存在、生存的土壤，其在经济体制、阶层结构以及利益关系等方面发生的变化，必然影响党组织领导核心地位的实现。新时代和新形势下，党的功能定位须回归"以社会关怀和利益协调为轴心的功能结构"，在农村则体现为"充分发挥基层党组织推动发展、服务群众、凝聚人心、促进和谐的作用"。[②]

二　概况

政治性是政党的基本属性。习近平总书记在党的十九大报告中强调要"把党的政治建设摆在首位"。[③]"党的政治建设是党的根本性建设，决定党的建设方向和效果"。[④] 作为马克思主义政党，必须旗帜鲜明地讲政治，并以加强政治纪律和政治规矩，严格规范党内政治生活为抓手，增强全党的政治意识。加强政治建设，首要在于全党服从中央，自觉维护中央权威，坚持党中央集中统一领导；下级服从上级。其次，坚持党的基本理论、路线、方针和政策，信仰科学社会主义，以马克思列宁主义和中国特色社会主义理论体系武装我们的头脑。最后，严明党的纪律，特别是政治纪律。

加强政治建设，不仅是政党政治性的基本要求，而且也是发挥政党政治功能的必然要求。从功能构成来看，政党的首要功能是政治功能。而政治功能的发挥，按照党的十九大报告要求，"就是要把企业、农村、机关、

---

① 转引自张金豹《基层党建新境界》，党建读物出版社，2015，第 28 页。

② 转引自张金豹《基层党建新境界》，党建读物出版社，2015，第 28 页。

③ 《习近平谈治国理政》第 3 卷，外文出版社，2020，第 20 页。

④ 《习近平谈治国理政》第 3 卷，外文出版社，2020，第 25 页。

学校、科研院所、街道社区、社会组织等基层党组织建设成为宣传党的主张、贯彻党的决定、领导基层治理、团结动员群众、推动改革发展的坚强战斗堡垒”。[①] “坚强战斗堡垒”就是政治功能的鲜明体现。在“五维度建设”中，将政治建设摆在首位，核心在于增强基层党组织政治领导力，关键在于强化政治引领。

政治建设的中心指导思想是，既要坚持党要管党，又要围绕中心、服务大局，以实现党的自身建设与经济社会发展的协调统一。[②] 江苏基层党建的政治建设的总体概况可分为三个层次：第一层次是各类成文法、政策和文件的革新、实施及完善的过程；第二层次是各类政治组织和架构的设置和活动合理规范等；第三层次是集中体现基层党建特色的返乡创业群体自治制度。[③] 在政治建设的考察维度中，主要集中于相关法律、政策和文件的制定颁布，乡村关系、两委关系和政社关系以及返乡创业群体自治制度的创新和完善三个层面。

作为基层党建的政治保障，党的政治建设需与乡村振兴战略相结合。将党员干部的思想政治信仰、业务能力素质、工作作风、服务意识等方面融入农村精神文明建设、干部队伍建设、制度建设等各个方面，以及行政事务与业务工作的各个环节，领导农村工作的开展。以实证调研为基础，综合运用问卷调查、访谈调研、典型案例及现场观察法，采用分层随机抽样方法，在考察过程中，注意挖掘江苏三区涌现的“大数据”和典型案例，从经济、制度、意识等三个层面点面结合，全面而有重点地描述江苏农村基层党建政治建设的基本概况。

（一）围绕经济抓党建

江苏经济稳步健康增长，为基层党建的发展提供了强大的物质基础和动力机制。“十三五”以来，江苏经济综合实力显著增强，经济结构进一步优化，社会发展和人民生活稳步提升。在经济“新常态”的压力下，经济发展速度有所放缓，经济结构转型升级的压力更大、要求更高；区域经济

---

① 习近平：《决胜全面建成小康社会　夺取新时代中国特色社会主义伟大胜利——在中国共产党第十九次全国代表大会上的报告》，人民出版社，2017，第65页。

② 张静：《基层政权：乡村制度诸问题》，上海人民出版社，2009，第89页。

③ 张金豹：《基层党建新境界》，党建读物出版社，2015，第28页。

协调发展的要求更高，统筹城乡一体化发展的压力更大，这对“围绕经济抓党建”提出了更高的要求和标准。

党的建设与党的政治路线紧密相连，且服从、服务于党的中心工作，这是我们党的一贯要求。在整个社会主义初级阶段，必须始终把加快发展生产力作为农村工作的中心，一切政策都要有利于增强农村经济活力。脱离经济建设这个中心，离开改革、发展、稳定的实践，孤立地抓基层组织建设，不会收到好的效果；而忽视基层组织建设，缺乏强有力的组织保证，经济建设也不可能搞上去，暂时上去了也不可能持久。

在对村两委党员干部的调研中我们发现，对于“支部+协会”、“村企联建”等组织联建模式，42.5%的党员干部认为它能够“壮大发展村级经济实体”，32.7%的党员干部认为它“有利于对城乡党建资源进行一体化配置”，18.6%的党员干部认为它能够“扩大党组织的覆盖面和影响力”，6.3%的党员干部认为它“作用不大，成效不明显”（见表5-1）。

表 5-1 您认为实行“支部+协会”“村企联建”等组织联建模式的作用

单位：%

项目	频率	有效百分比
壮大发展村级经济实体	135	42.5
有利于对城乡党建资源进行一体化配置	104	32.7
扩大党组织的覆盖面和影响力	59	18.6
作用不大，成效不明显	20	6.3

可见，在江苏绝大部分地区，已经基本完成了“两个覆盖”——哪里有党员，哪里就有党组织，哪里就有党的工作。党组织整合区域内的行政单位、农村社区委员会、驻村企业、各类社会组织等，改变以往各自为政的发展方式，加强各方联系，促进行政资源与社会资源的融合，实现了党建工作由“垂直化管理”向“区域整合”转变。村居联建、村企联建、村村联建、流动党支部以及“支部+协会”等组织设置模式，使党建理念由封闭走向开放，实现了党的建设由“条块分割”到“条块结合”的转变。

（二）基层党组织建设的长效化和制度化

在江苏农村返乡创业群体自治的四个民主机制中，民主选举做得最好，选举程序规范，农民参与选举积极性高；相对而言，民主决策、民主管理和民主监督存在一定滞后性。总体而言，农村党支部的建设要抓好四项工作，一是建设一个好的支部领导班子，二是确定一条符合本地实际的发展路子，三是做好思想政治工作以教育党员发挥先锋模范作用，四是加强以党支部为核心的村级组织配套建设。

在对村中党员的问卷调查中，被问及“所在村党支部的书记、委员来源”时，82.2%的党员选择了“村优秀共产党员”，4.3%的党员选择了“致富能人”，0.6%的党员选择了“打工返乡青年”，2.5%的党员选择了“复员军人”，1.8%的党员选择了“返乡大中专毕业生”，3.4%的党员选择了“退休企事业单位干部”（见表5-2）。

表 5-2　所在党支部的书记、委员来源

单位：%

项目	频率	有效百分比
村优秀共产党员	268	82.2
致富能人	14	4.3
打工返乡青年	2	0.6
复员军人	8	2.5
返乡大中专毕业生	6	1.8
退休企事业单位干部	11	3.4
不知道	17	5.2

由此可见，建设一个团结、坚强、群众拥护的好领导班子，尤其要有一个好书记；培养一支富有战斗力的好队伍；选准一条适合当地加快经济发展的好路子；完善一个好的经营体制；健全一套体现民主管理，保证工作有效运转的好的管理制度。

（三）党建工作责任制

近年来，江苏省委、省政府高度重视基层协商民主工作，积极探索乡村党建工作责任制的广泛性、多层性、制度化实现路径和模式，以充分发挥协商民主在乡村治理中的积极作用。党建工作责任制就是以制度的形式保障党建工作贯穿经济社会发展的全过程。要落实党建工作责任制，必须以制度的建立健全形成制度活力，强化制度的执行力，以活动载体的创新予以保障。

在对村两委党员干部的专项问卷中，对于村中落实党建责任制的工作方式和机制，35.8%的党员干部认为已经非常符合实际，63.2%的党员干部认为比较符合实际，仍然有0.9%的党员认为不太符合实际（见表5-3）。

表5-3　村中已经形成了落实党建责任制的工作方式和机制

单位：%

项目	频率	有效百分比
非常符合	114	35.8
比较符合	201	63.2
不太符合	3	0.9

乡村两级党组织要种好“责任田”，用心用力抓好党建。明确党建主体责任，党委书记为党建工作第一责任人，分管领导是直接责任人，其他成员是具体责任人，构建“三位一体”的分层负责人网络。实行目标管理，细化工作责任，逐级分层签订党建目标责任书，以督促各个责任人完成具体目标。开展基层党建“项目化”管理，乡、村党组织围绕制约经济与社会发展的基层党建热点难点问题，形成若干项目。书记抓党建重点项目，委员分工负责具体项目，将党建工作的“软任务”变成“硬指标”，也使年终党建述职考评有了具体抓手。努力使“书记抓”“抓书记”成为常态，实现乡、村党组织书记党建专项述职工作全覆盖，最终形成一级抓一级、层层抓落实的党建格局。

通过责任分解，各级领导结合各自分工，选择乡镇直属机关单位或村、组作为联系点，一级抓一级、一级带一级，以定期的调查研究、定期的驻村工作，了解各项工作开展情况，以具体、直接、面对面的指导实现党建工作的整体推进，发挥联系点的示范作用。

强化农村基层党建工作问责制。责任追究是党建工作责任制有效运行的必要保证。对履行党建责任不到位的，要严肃批评；对问题较多、长期打不开局面的，要约谈通报；对抓党建不力、出现严重后果的，要进行组织处理。以用力的问责强化各级党委“抓好党建是本质、不抓是失职、抓不好是不称职、出了问题是渎职”的责任观念。结合“创先争优”、“三级联创”等活动载体，强化考核结果的可应用性。以创先争优、三级联创为转手，在“联”上抓落实，在“创”上下功夫，形成整体提高、层层落实的上下联动机制。将党建工作的考核结果纳入基层干部的政绩考核标准，增加党建实绩在干部任用、培养、表彰上的权重；责任追究形式具体化。从主体、运行、考核、奖惩四个方面落实党建工作责任制，保障各级责任主体的权、责、利相统一，促进基层党建工作的科学化、制度化和规范化。

（四）民主考核机制

乡镇党建工作从思想、政治、组织上增强党的软实力，对于提高党委领导乡镇经济社会发展的能力至关重要。但党建工作往往容易陷入由“实”变“虚”、“说起来重要，抓起来不要”的窘境，这是由于党建工作难以量化，成果呈现不具直观性，在以经济发展为重的政绩观的影响下，党建工作经常被忽略。然而，缺乏党组织的有力支持，经济建设、社会建设的长足进步也不可能维持太久。

自2008年以来，在《公开目录指导意见》指导下，江苏全省各地根据自身情况，纷纷出台相应的《村务公开目录》，在公开方式、公开形式等方面有许多创新。目前，江苏实现了“阳光村务”全覆盖，江苏全省14000多个行政村中，98%的村建立了村务公开监督小组，99%的村设立了民主理财制度，96%的村建立了反馈制度，群众满意度在95%以上。

根据对村两委党员干部的调研，在回答“现行基层党组织的设置方式、活动内容、工作方式是否适应新形势的要求”时，有33%的党员干部回答“完全适应”，63.8%的党员干部回答“基本适应”，仍有少数党员干部回答“不适应”或者“说不清”（见表5-4）。

表 5-4 您认为现行基层党组织的设置方式、活动内容、工作方式是否适应新形势的要求

单位：%

项目	频率	有效百分比
完全适应	105	33.0
基本适应	203	63.8
不适应	1	0.3
说不清	9	2.8

解决两难之困，还需从考核机制上下功夫。

首先，强化考核内容，将软指标变成硬任务。考核既要注重农村经济发展、农业增产、农民增收、耕地保护、招商引资等显绩的考察，又要关注社会治安、乡风文明、社会进步等潜绩。要增强考核的针对性，党组织的性质和级别不同，内容上要有所区别。考核的标准应全面系统，避免以单一指标、“唯数字论”进行考察，需结合单位的具体情况与个人在德、能、勤、绩、廉等方面的综合表现，既考察“显绩”，更注重“潜绩”。

其次，采取有效的考核形式。通过组织内容上下互评与自评相结合；结合党建工作联系点制度，以民主测评、满意度测试等方式，运用会议调查、访谈、电话、网络等载体，最大限度地体现群众的考评意见；以承诺制结合年终述职制度，由上级党委、人大领导班子、政协委员、群众代表组成“考官团”，将就职承诺与述职报告比照，现场提问，当场评分；引入退休干部、人大代表、党建委员会成员、企业代表等担当考核监督员，加强对考核程序、考核过程、考核结果的实时全程监督，并公开考核过程和考核结果。

最后，将考核结果与干部的管理相结合。仅仅为了考核而考核，容易使考核流于形式。将考核的结果用作干部的选拔、培养、升降去留的重要而非唯一依据。好的考核机制能够激发领导干部的工作积极性，反之，会产生“干多干少一个样，干好干差一个样”的消极心态，直接影响党建目标的实现。只有在考核体系中渗透党建工作、经济工作、精神文明创建的成绩同等重要的思想，才能形成正确的用人导向，使党员干部树立“抓好党建是本职，抓不好党建是失职”的意识，增强责任意识、发展意识及大

党建的意识。

建立科学的考评机制，对于基层党组织党建任务的考核，应重经济但不唯经济，既要肯定效果明显，切合“三个有利于”的显绩，更要肯定见效慢，但是利于长远发展的潜绩；既要注重党内考评制度的建设，实现上下级、同级之间的互评，又要将群众纳入党组织的考评体系中，群众的满意度是党的工作被认可与否的重要指标，让党员干部“接地气”，与服务对象形成良好的互动。以正确的考评机制和权力授予机制形成正确的用人导向，使领导干部树立良好的政绩观、群众观，实现服务中心工作与服务群众的结合，在大党建中体现大服务。

（五）“由虚变实”的“大党建”

立足大局，抓大放小，实现对政治方向的把握以及党和国家相关政策的落实，集中精力抓涉及村庄发展与返乡创业群体利益的大事。党的建设不是一时一事，而是持续的、动态的过程。通过整合党建资源，实现对工作的全过程和各方面的领导，实现事前的方向性指导，事中的监督与保障，事后的反馈、总结、升华；整合党内党外的一切资源，协调党组织与群团组织、社会组织与经济组织的关系，以党建带动其他组织的互动联建，达到总体计划的整体推进，实现党组织对农村工作的有效领导。在党内，保障党员的主体地位，在党外，保障人民群众的主体地位，实现党建工作与中心工作、群众工作的联动，“工作谋划上相互协调、工作部署上相互衔接、工作推进上同步开展”。①

比如，江苏省太仓市通过建立和完善“三社联动”机制，形成“三社”资源共享、优势互补、相互促进的良好局面，努力提升民生幸福指数，推进基层社会管理的创新实践，促进“三社”工作的良性发展。

在对普通返乡创业群体的问卷调研中，问及“农村的党群关系”，24.4%的返乡创业群体认为“越来越好”，60.4%的返乡创业群体认为“还好”，6.2%的返乡创业群体认为“不太好”，2.4%的返乡创业群体认为“越来越紧张”，1.4%的返乡创业群体认为“紧张到了极点”，5.2%的返乡创业群体认为“不知道”（见表5-5）。

---

① 潘金生：《加强基层组织建设构建大党建工作格局》，《红旗文稿》2012年第24期。

表 5-5　您觉得农村的党群关系怎么样？

单位：%

项目	频率	有效百分比
越来越好	103	24.4
还好	255	60.4
不太好	26	6.2
越来越紧张	10	2.4
紧张到了极点	6	1.4
不知道	22	5.2

"政社互动"、"三社联动"和"减负增效"就像是协调乡村关系的三驾马车，乡村关系良性发展，基层民众对乡镇政府的态度也有很大转变。可见，党的政治建设是一项系统工程，需要各个层面力量的配合，改变单向的、线性的互动机制，建立纵横交错、上下联动的运行机制，使纵向上的乡镇党组织、村级党组织、返乡创业群体小组、党员，横向上的行政村党组织、行业党组织、企事业单位、社会组织成为工作网络上的点，使党的影响力渗透到各类组织中，党组织的触角遍及农村社会中，使其共享"公共产品"，将农民纳入各级组织中，坚持问效于民，把群众满意作为第一标准。结合农民的民主意识、农村的精神风貌、社会秩序等各个方面综合考核党的方针、政策是否得到完整的执行与落实。

三　问题

（一）村党组织的核心作用弱化

农村基层党组织是"党在农村全部工作和战斗力的基础，是乡镇、村各种组织和各项工作的领导核心"。党的路线、方针、政策的贯彻落实，农村综合改革的推进，农民共同富裕的实现都需要党组织的力量发挥。

在访谈中，笔者对这些回答党群关系"不太和谐"的党员干部进行了补充调研，发现问题大多集中在以下几个方面：①部分基层党组织处于软弱涣散甚至瘫痪状态；②领导班子整体功能弱化，难以承担领导、凝聚农民推进农村经济、政治及社会发展的责任；③缺乏壮大集体经济的发展能力，因循守旧，以老化的工作方式应对新的问题，缺乏创新能力与服务能力。

1. 党组织壮大村集体经济的能力较弱

选准一条发展经济的好路子，充分发挥当地优势，加快农民脱贫致富奔小康的步伐。“好路子”就是指选准集体经济发展的路子，它是实现农民共同富裕的必由之路，是密切党群关系的物质基础，是党的凝聚力、战斗力的保障。

当前，农村集体经济的发展问题体现在：在苏北地区，党组织领导经济发展的能力较弱，“不少村双层经营体制不健全，集体经济实力薄弱，无力为农户提供必要的服务，缺乏凝聚群众的物质基础”。①

集体经济的薄弱导致党建缺乏物质基础，工作难以开展。税费改革减轻了农民的负担与农村党组织的工作任务，但也减少了党建工作的资金来源。集体经济薄弱的农村，其党建资金主要来自上级的转移支付，乡镇财政预算中并未列出用于党建的专项资金，杯水车薪，基本的党建工作都难以开展。同时，因集体经济薄弱，村干部的工资以及补贴难以得到有效保障，导致其工作积极性不高，且无法吸引新鲜血液补给干部队伍，造成党的战斗力、吸引力降低。同时，公共项目因缺乏集体经济的支持，只能通过“一事一议”的方式从返乡创业群体中筹集资金，而搭便车的可能性容易使好的计划流产，农村陷入穷者愈穷的恶性循环中，党组织的凝聚力、公信力也随之下降。

2. 基层党支部运行机制不合理

政党与社会基础的关系根本决定了政党的命运。基层组织作为政党连接社会最关键和最基础的环节，其定位越准确，作用发挥越充分，越能扩大政党的社会基础，实现执政这一终极目标。党支部作为党的最基层组织，在联系群众中有天然的优势，是党联系群众的“最后一公里”。

在对苏南部分村党支部的调研中发现，有些单位不重视党建工作，党支部形同虚设，基本没有常规的组织活动或是组织活动流于形式；党员的管理松懈甚至缺乏教育管理，党员的先锋模范作用很难得到体现。党支部的运行更多地体现为组织的主导，党员的主体意识尚未觉醒。基层党组织

① 刘祖云：《江苏新农村发展报告（2017）》，中国农业出版社，2018，第68页。

不合理的运行方式降低了党员参与党内活动的热情，减损了党员对党组织的归属感，进而影响党组织的凝聚力与号召力，弱化党组织的领导核心作用。

（二）以党组织为核心的返乡创业群体自治体制机制不完善

农村权力结构的形成往往是经济结构、政治传统、顶层制度设计等因素综合作用的结果，任何一个因素的变化都可能导致权力结构的改变。返乡创业群体自治实施后，农村社会实行以党组织为核心的返乡创业群体自治体制。同时，部分农村地区因集体经济的发展，出现党（党组织）、政（村委会）、企（集体经济组织）三驾马车并行。二元、三元甚至多元的权力主体本应既相互独立又相互联系，但制度设计本身存在的一些问题，带来现实中各个权力主体之间关系失衡，从而导致农村社会的失序。

自 2008 年以来，在《公开目录指导意见》指导下，江苏全省各地根据自身情况，纷纷出台相应的《村务公开目录》，在公开方式、公开形式等方面有许多创新。从农村管理制度上说，在以党组织为领导核心的返乡创业群体自治体制中，两委关系始终是核心问题。为了保障农村返乡创业群体实行自治，由返乡创业群体依法办理自己的事情；返乡创业群体委员会是返乡创业群体自我管理、自我教育、自我服务的基层群众性自治组织。这些规定都是原则性的，缺乏实际的可操作性，存在想象的空间。

比如，领导核心的权力边界在哪里？返乡创业群体群众自己的事情是什么？党组织如何支持、保障返乡创业群体自治？两委对于“领导核心”“自治”的理解不同，就极易造成或者党组织代替、包办返乡创业群体自治，或者村委会直接抛开党的领导弱化党的核心地位。过于宽泛的规定看似从法律上界定了村党支部和村委会各自的地位和职责，却埋下了两委关系的隐患。

（三）党员的先锋模范作用难以发挥

党员是党的肌体的细胞，党的先进性要靠千千万万党员的先进性来体现。农村基层党组织要保持在农村各项工作中的领导核心地位，关键在于广大共产党员先锋模范作用的发挥。党员的先锋模范作用难以发挥，既有组织层面的原因，如党员的权利未能有效落实、党员的管理培养形式化、党内关爱机制缺乏等，而党员个体理想信念的缺失、宗旨意识的淡薄是内在原因。党员将自己混同于一般群众，就难以发挥先锋模范作用。

在对普通返乡创业群体的问卷调研中，问及“找村支部办事（办手续/开证明），党员干部的态度”时，37%的返乡创业群体认为“很好”，54.7%的返乡创业群体认为“还算可以”，4.5%的返乡创业群体认为“比较差”，0.7%的返乡创业群体认为“很差”，3.1%的返乡创业群体认为“不知道”。之所以超过一半的返乡创业群体选择了“还算可以”，根据对样本补充的调研，当前，在农村基层党组织中，一些共产党员信仰缺失、党性全无、宗旨意识淡薄是客观存在的。部分农村党员文化程度较低，缺乏对马克思主义理论的系统学习，难以坚定马克思主义的信仰、共产主义和社会主义的信念，无法正确认识中国特色社会主义道路。前进道路上遇到的种种困难，进一步动摇了党员对最高理想实现的信心。因而，农村党员中“不信马列信鬼神”的现象普遍存在，理想信念模糊动摇。与此同时，农村社会价值、思想的多样化也同步反射到农村党员身上，价值取向上的个人主义与利己主义、实用主义与功利主义取代了集体主义与利他主义，全心全意为人民服务的宗旨意识淡薄，没有奉献精神与牺牲精神，当群众的生命财产安全受到威胁时不能挺身而出，甚至漠不关心（见表5-6）。

表5-6　您觉得现在去找村支部办事（办手续/开证明），党员干部的态度怎么样？

单位：%

项目	频率	有效百分比
很好	157	37.0
还算可以	232	54.7
比较差	19	4.5
很差	3	0.7
不知道	13	3.1

（四）部分党组织存在重经济、轻党建的思想

抓党建同抓发展相比要虚一些，不容易出显绩。这是部分基层党组织

存在的思想偏差。在这一思想主导下，他们大都认为，党建一年开几次会布置一下就可以了，不必那么上心用劲；党组织抓组织教育活动不经常，组织生活制度落实不够全面；对党员管理松懈，出现党员干部侵害群众利益的行为也不加处理，导致乡村两级腐败案件频发，“四风”问题屡禁不止甚至发生变异。

目前江苏省农村基层政权的组织机构得到精简优化，组织职能定位进一步明确，管理体制进一步理顺，工作机制进一步创新，“减负增效”“政社活动”“三社联动”初步理顺了乡村间的纠葛。然而，部分党组织还存在就党建抓党建的陈旧思想，仍停留在“以会议落实会议、以文件落实文件”，将“硬件建设”“制度上墙”当成党建工作的全部内涵，未能将党建工作与中心工作一起谋划、一起部署、一起落实，忽视党员的需求。

根据对普通党员的问卷调研，对于“村中已经形成的落实党建责任制的工作方式和机制”，选择“返乡创业群体代表会议”的有75.4%，选择“乡村干部与返乡创业群体对话会”的有22.1%，选择“返乡创业群体民主评议会”的有30.9%，选择“民主恳谈会”的有12.3%，选择“返乡创业群体民主听证”的有18%（见表5-7）。

表5-7 村中已经形成的落实党建责任制的工作方式和机制（多选）

单位：%

项目	频率	有效百分比
返乡创业群体代表会议	239	75.4
比较符合返乡创业群体会议	96	30.3
不太符合返乡创业群体小组或返乡创业群体小组代表会议	146	46.1
乡村干部与返乡创业群体对话会	70	22.1
返乡创业群体民主评议会	98	30.9
民主恳谈会	39	12.3
返乡创业群体民主听证	57	18.0

因而，基层党建工作经常会出现“说起来重要，做起来次要，忙起来不要”的窘境，削弱了党的凝聚力与号召力。

（五）党员的权责不对等

“吃苦在前、享受在后”是党章对党员义务的规定，这也是党员奉献精神与为人民服务宗旨的体现。然而，市场经济的发展让人们开始了解收支均衡、付出与回报对等的市场规则，也使相当一部分农村党员认为，党员只讲奉献不讲回报、只讲责不讲权是不现实的。

在对普通返乡创业群体的问卷调查中，对于“当在平时生活中发生自己处理不了的问题时，返乡创业群体通常会选择的求助对象”，30.4%的返乡创业群体选择了“村干部”，41%的返乡创业群体选择了“亲戚或本家”，25.7%的返乡创业群体选择了“邻居或关系好的其他返乡创业群体”，13.2%的返乡创业群体选择了“政府和有关部门”，2.4%的返乡创业群体选择了“报纸、电视、网络等媒体”（见表5-8）。

表5-8　当在平时生活中发生自己处理不了的问题时，返乡创业群体通常会选择的求助对象（多选）

单位：%

项目	频率	有效百分比
村干部	129	30.4
亲戚或本家	174	41.0
邻居或关系好的其他返乡创业群体	109	25.7
政府和有关部门	56	13.2
报纸、电视、网络等媒体	10	2.4

可见，不少村庄存在“党员义务多，享受权利少；入党不自由，事事要带头；入党交党费，平时无实惠”现象。这样的思想反映了某些党员共产主义信仰的缺失，宗旨意识的淡薄。也从侧面反映党员权利与义务不对等的客观存在，产生一定的消极影响。趋利避害是人的本性，党员也不例外。作为党组织的一员，党员认同党的政治理念与核心价值观，愿意服从党的路线、方针、政策。

但是，党员也有自己的政治抱负，也希冀在党组织中得到发展，当这一部分愿望无法实现时，他们只能从经济效益上去寻求平衡，从而产生不正确的权力观。

党员是连接党与群众的桥梁，是民意的搜集员，是党的政策实施效果的直接反馈。因此，如何将党员的主体地位由虚变实，真正赋予党员以选举权、监督权、决策权、知情权等民主权利，对于党的农村工作意义重大。

（六）忽视了党员的“日常权责”

党员教育与管理的忽视主要表现在：三会一课、民主生活会几乎停滞，或是流于形式。民主生活缺乏新意，党日活动主题不鲜明。在党建经费缺乏支持的情况下，农村党组织的活动就更难保障，基本以广播、开会、读报等形式展开。

1. 管理方式粗放，未能激发党员活力

江苏是全国经济社会发展较快的地区，是吸收外来人口最多的地区之一；同时，江苏省内三区发展的不平衡性，也使江苏省内人口流动频繁。这两方面情况使江苏省人口流动速度非常快，城乡外来人口数量众多。

在依据专业特长科学设置党组织的基础上，党员也应实施分类管理，按照年龄、职业、兴趣、特长的不同重新组合，加强对无职党员、流动党员的动态管理。在对村两委干部的问卷调研中，问及“发展外出务工、经商的农民入党问题”，21.1%的干部认为“非常有必要”，62.3%的干部认为“很有必要”，8.8%的干部认为“没必要”，7.9%的干部认为“无所谓”。对于“发展一些从城市‘回归’乡村的农民党员”，21.7%的党员干部认为“非常有必要”，68.9%的党员干部认为“很有必要”，分别有4.4%和5%的党员干部认为“没必要”和“无所谓”（见表5-9、表5-10）。

表5-9　发展外出务工、经商的农民入党问题，您是怎么想的？

单位：%

项目	频率	有效百分比
非常有必要	67	21.1
很有必要	198	62.3
没必要	28	8.8
无所谓	25	7.9

表 5-10　发展一些从城市“回归”乡村的农民党员，您是怎么想的？

单位：%

项目	频率	有效百分比
非常有必要	69	21.7
很有必要	219	68.9
没必要	14	4.4
无所谓	16	5.0

2. 教育内容、活动载体形式单一，难以适应党员的多元化需求

学习是保持党员与社会联系的方式，是积极应对市场经济发展与农民职业多元化背景下，党员干部工作方式、思想观念跟不上形式的解决方法。但是，教育内容与现实脱节，忽视党员对于科技文化知识与市场经济信息、创业就业技能等方面的需求，难以激起党员的学习兴趣。载体单一，仅通过宣读中央文件、读书、看报等形式加强党员教育，不擅于利用现代科学技术手段，忽略各类职业技术学校及地方党校的教育资源。

管理松散，且忽视无职党员和流动党员的管理。党员的管理工作难以量化，需长期坚持才能见效。在国家强调经济发展的大背景下，大部分党支部都存在“重经济、轻党建”的倾向。

思想政治工作缺乏，管理规章制度缺失；党员定期的思想汇报以及工作汇报处于“党员不主动上交、支部也不追问”的状态；忽视无职党员的主体作用，导致其形同一般群众；宗旨意识淡薄，“事不关己高高挂起”的思想部分存在。对于流动党员，基本处于两不管的状况，流出地党组织管不着，流入地党组织不想管，同时，大量的“口袋党员”也加大了流入地党组织管理的难度。

发展党员可以为党及时输入新鲜的血液，而处置不合格党员是保持党的先进性和纯洁性的必需，党员的日常管理更是关系党组织的凝聚力以及党员先锋模范作用的发挥。党建经费的缺乏、管理理念的偏差、活动载体及形式的单一、教育内容与现实的脱节，在当前农村党员管理中不同程度地存在。只有意识到这些问题并积极应对，2000 多万的农村党员才能真正成为党的坚实基础。

3. 党员关爱、激励、帮扶机制有待完善

在对普通党员的问卷调研中，在问及“提高党组织的凝聚力、吸引力的最主要途径”时，53%的党员认为需要“加强党内民主建设，发挥党员党内生活主体作用”，26.7%的党员认为需要“多关心党员疾苦，解决党员实际困难”，14.5%的党员认为需要“加强反腐倡廉工作，提升党员干部形象”，4.8%的党员认为“多搞有兴趣的活动，吸引党员参与”，0.9%的党员认为“多发奖金”很有必要（见表5-11）。

表 5-11　提高党组织的凝聚力、吸引力的最主要途径

单位：%

项目	频率	有效百分比
加强党内民主建设，发挥党员党内生活主体作用	175	53.0
多关心党员疾苦，解决党员实际困难	88	26.7
加强反腐倡廉工作，提升党员干部形象	48	14.5
多搞有兴趣的活动，吸引党员参与	16	4.8
多发奖金	3	0.9

党员作为人民群众中的先进分子，也会在思想、生活、工作中存在仅凭一己之力无法解决的困难，同样需要党组织的关心与爱护。党在强调基层党组织、党员为人民服务的同时，往往忽视了对党员个人的关心与爱护。党代会提出“建立健全党内激励、关怀、帮扶机制，关心和爱护基层干部、老党员、生活困难党员”，“对党员进行教育、管理、监督、服务”作为基层党组织的基本任务之一，从党内法规的高度强调对党员的服务。但如何将这一制度由理论转为实际，还需要基层党组织的积极践行。

关爱、帮扶的对象应该包括老年党员、贫困党员、无职党员等党内弱势群体以及创业党员、流动党员等特殊群体；范围应包括政治、生活、思想、工作等方面；应达成的目标是给党员以看得见的政治前景、生活保障、致富希望，使其老有所依、难有所助、业有所就。要从组织、制度、资源等各个层面保障党内关怀机制的实现。村党组织是具体责任者，是服务党员的主体。乡镇党组织是直接责任者，它的领导与支持直接关系“服务党员”工作的落实。而市级以上的党组织应给予制度、资源等层面的帮助。

四　对策

（一）政治建设是全方位、立体化的“大党建”

传统的党建主要指党的自身建设，包括党的思想、组织、作风、制度和反腐倡廉等内容，而“大党建”不仅指党的自身建设，也包含党的执政水平和领导方式的改变，强调以党的政治建设助力党的任务完成，推动党的事业发展，巩固党的执政地位。既要服从服务于经济建设作为党建工作的立足点，紧贴经济建设中心开展党建活动，又要把能否保证和促进经济发展作为衡量党建工作成效的重要标准。

中国共产党成立至今已经形成纵横交错的、完整的组织体系，各级党组织因处于不同的组织环境中，所发挥的功能、作用有一定的侧重及差异。比如，横向上，就经济体中的党组织来说，在国有企业和集体企业中党组织发挥政治核心作用，而非公企业的党组织则起政治引领作用。纵向上，党的领导机关的主导功能是政策制定，而基层党组织主要发挥联系群众、服务群众的功能。如果将党与群众比喻成大树与土壤的关系，基层党组织就是树根，深植于群众这片土壤中。

（二）党是领导一切的

基层党建工作是围绕基层社会系统协调运转，对社会系统的组成部分、社会生活的不同领域以及社会发展的各个环节进行组织、协调、监督和控制的过程，是在以党组织为核心的多元主体以多样化形式进行的，以促进政治、经济、社会、文化和环境自然协调发展的一系列活动。

坚持党领导一切，强化党组织在同级组织中的领导地位。坚持富民初心，持续推动党建引领特色田园乡村建设“五双”行动，切实发挥好支部战斗堡垒作用和党员先锋模范作用，不断提升基层党组织的领导力、引领力、组织力、号召力，促进农村基层党组织全面过硬、全面进步。

通过引导，把各个系统、各类组织、各利益群体的局部利益和目标与社会和谐发展的总体利益、目标相结合，既保证党的工作的统一性、连续性，又让局部的、阶段性的工作随时间、要求和环境的变化及时调整，体现灵活性。通过协调，让社会成员、社会组织加强理解与沟通，团结一致，力求努力方向趋同，共建社会主义新农村大业。

“大党建”，事实上引入了社会工作的理念与方法。在现代社会中，社会工作是社会建设的重要组成部分，社会工作注意社会成员与社会环境的互动，专注问题的解决与变化，帮助社会成员适应社会环境，融入社会环境的脉络。社会工作的核心理念是“助人自助”，即所谓授人以鱼不如授人以渔，持守平等、尊重、接纳等基本信念。社会工作中的平等、尊重、协助也应是大党建中党的领导的要义，以主动的服务、引导、协调的方式，让农民掌握自己的命运，为自己的前途负责，这既是最佳的领导，也可以达到最佳的动员效果。

党的建设不能进行“目标置换”，由手段变成了目的，由工具变成了主体，使党的领导缺乏预见性、实效性和灵活性。在农村、基层这样客观的社会环境和政治环境下，农村基层党组织的领导只能通过思想、政治和组织层面的领导，以引导者、协调者、服务者自居，才能及时了解民众的需求，倾听民众的心声；才能体现党的宗旨，贯彻党的纲领；才能真正实现领导核心地位，取得群众的支持以实现目标。用一句话来概括，就是邓小平所说的“领导就是服务”。

（三）坚持开放、服务的工作理念

党的建设是一个系统工程。农村基层党建是一个系统、一个整体，它必须与农村社会这一外部环境产生互动。而互动就意味着开放，这种开放不但体现在功能的开发上，也体现在组织设置等各个层面。要保证党的领导核心地位得到群众的心理认同，基层党组织的功能必须具有适应性，要随着历史变迁，适应时代的需要，实现功能的多样性；组织作为功能发挥的载体，必须随着农村社会政治、经济结构环境的变化发生相应的转变，组织设置由单一走向多元，并实现行政村、经济产业链及社会组织中的党组织的联合共建；党的建设也需以开放的姿态吸纳群众的力量，通过党内民主与人民民主的互动体现开放的理念。

强调党建的开放，归根结底是为了更好地服务群众，这也体现中国共产党“以人为本”的执政理念。“以人为本”的实质就是以人民群众的利益为根本，统揽党和国家的各项工作；强调人民群众是社会活动、社会发展的主体，尊重人民的主体地位，发挥人民的主体作用，主张发展为了人民、发展依靠人民、发展成果由人民共享。

改革开放中的许多创造发明都来自基层群众的创新实践，党的群众工作的主要内容就是在联系群众、深入群众过程中，尊重人民群众的意愿，充分发挥其积极性、主动性与创造性，鼓励他们“大胆地试，大胆地闯”，对群众在农村改革实践中产生的新事物、新创造，要及时发现并予以理论上的总结、升华，并加以肯定、推广。同时，这一“从群众中来、到群众中去”的过程，也是让群众通过切身体验去判断、选择的过程。群众通过切身体验，把党的工作变成自己的自觉行动。因而，“大党建”理念要求基层党组织深入群众、联系群众、服务群众，而联系、服务群众的过程也是教育、引导群众的过程，在党的领导下使基层群众认识到自身的主体地位，开启民智、发挥民力。

（四）善于整合农村各类社会资源

农村基层“大党建”强调改变旧有垂直化、内部化、封闭化的管理方式，通过整合社会资源扩大党的工作覆盖范围，实现上下左右的互动与协作，实现乡镇与村、村与村、村与集体经济体、党组织与社会组织之间资源的整合，更好地体现党组织总揽全局、协调各方的作用。

在“大党建”的资源整合体系中，将社会组织与党对社会的引导、整合功能结合起来。重视发挥社会组织的作用是特别重要的一环。无论是从中国社会发展，还是从国际视野来看，社会组织是构成和谐社会的三大力量之一，与政府、企业共同构成当代社会的三大支柱。改革开放以来，一个群众有序参与、有效覆盖城乡、门类齐全的社会组织体系已基本形成。社会组织在经济、政治、文化、社会、教育、科技等各个领域发挥独特而重要的作用，已经成为沟通党和政府与人民群众的桥梁和纽带，成为中国经济社会发展中的一支重要力量。

社会组织的发育完善程度，是体现中国社会转型进程的重要标志。因此，要转变社会组织是党和政府下属部门或隶属单位的传统“泛政治化”观念，真正将社会组织视为“第三部门”，视为社会主体自我协调、自我服务、自我管理的重要组织形式。

围绕中心工作抓党的建设，使党建渗透、融合到农村各项工作中，为中心工作服务。中国共产党在农村的中心工作就是发动群众、组织群众、教育群众；基层自治的发展能够助推这一中心任务的实现。党建须围绕基层自治的完善，构筑沟通渠道与利益表达平台，引导和落实群众自治，使广大人民群众在民主实践中学习民主、运用民主，并逐步学会依法、理性地行使民主权利，提高民主意识、养成民主习惯，锻炼参与民主政治建设的能力，以促进民主政治的发展，使基层群众时时都能感受到党的存在，感觉到党的引导与服务。

五 总结

毛泽东曾将领导者的责任归结为两个方面："主要地是出主意、用干部两件事。一切计划、决议、命令、指示等等，都属于'出主意'一类。使这一切主意见之实行，必须团结干部，推动他们去做，属于'用干部'一类。"①

要为农村发展出谋划策，只有通过调查研究，问政于民、问需于民、问计于民，凝聚人民群众的无穷智慧，制定既符合集体利益又兼顾弱势群体、特殊群体利益的政策与规划，以制度体系、运行机制保障政策的连续性与可持续性，运用行政、法律、人情、市场等多种手段，真正做到思群众之所虑、急群众之所难、谋群众之所求。同时，领导班子的建设不仅关系党内政治生态的形成，也关系农村发展的潜力。

作为基层党组织，政策的执行过程往往也是党组织总揽全局、协调各方的过程，一个政策往往涉及多个行业、多个单位，要让政策取得最佳的执行效果，就必须全面协调各个部门之间的关系，引导其创造性地落实政策，实现本部门与村庄的共同发展。建立党内党外的沟通机制，实现党内上下级之间的良好沟通，既要求领导干部尽职尽责，掌握科学发展的本领，又需从思想上、工作上、生活上关心党员，满足其合理的利益需求，并以激励措施使其安心工作。

坚持以习近平新时代中国特色社会主义思想为指引，全面贯彻党的十九大精神，坚持把解决好"三农"问题作为重中之重，优先发展农业农村，按照"产业兴旺、生态宜居、乡风文明、治理有效、生活富裕"的总要求和"五个振兴"总体布局，为建设具有江苏特色的乡村振兴道路奠定坚实基础。

---

① 《毛泽东选集》第2卷，人民出版社，1991，第527页。

办好农村的事情，实现乡村振兴，关键在党。江苏农村各级各部门在切实提高对实施乡村振兴战略重大意义的认识中，能够切实将乡村振兴摆上优先位置，坚持党管农村工作的要求。在新的发展时期，最艰巨最繁重的任务在农村，最广泛最深厚的基础在农村，最大的潜力和后劲也在农村。加强江苏基层党组织的政治建设，必须立足全省农情实际，切实统一思想认识，凝聚智慧力量，全面落实实施乡村振兴战略的各项政策举措，推动农业全面升级、农村全面进步、农民全面发展，奋力谱写新时代江苏乡村振兴的新华章。

第二节　选好、用好、管好党员“返乡创业群体领头雁”

党的十八大以来，以习近平同志为核心的党中央立足推进党的建设新的伟大工程，针对基层党建问题提出了一系列新理念新思想新战略。进入新时代，站在新的历史起点，只有基层党组织带头人聚精会神抓党建，才能把握正确行进方向，做到以上率下、以上示下，层层落实到位。基层党组织带头人要成为党的主张的宣传者、党的决定的贯彻者、基层治理的领导者、团结群众的动员者、改革发展的推动者，着力解决基层党组织虚化、弱化以及边缘化问题，切实发挥基层党组织带头人的“返乡创业群体领头雁”作用。“基层党组织”返乡创业群体领头雁处在改革发展第一线，处在各种风险考验的最前沿，是党组织的“神经末梢”，与世情、国情、党情和民情息息相关，党的肌体健康似乎感觉不到什么，一旦有恙，疼痛之感首先在基层触发。笔者所在的课题团队通过宽覆盖的“撒网式”问卷调研和有针对性的“解剖麻雀式”现场访谈调研，紧密联系实际，坚持问题导向，探讨解决这些问题的思路、出路和办法、措施，争取做好基层党建“返乡创业群体领头雁”这篇既大且实的文章。

一　强化“返乡创业群体领头雁”政治功能

（一）旗帜就是方向

党的基层组织建设制度改革，着力点是使每个基层党组织成为坚强战斗堡垒。基层党组织是我们党全部工作和战斗力的基础。习近平总书记这一重要论述，具有深刻的思想内涵和鲜明的问题指向。通过基层党组织建设实现党支部坚强有力，农村各项工作的落实就有了具体的组织者，广大农民脱贫致富奔小康就有了可以信赖的“返乡创业群体领头雁”，真正做到一个支部一个堡垒，一名党员一面旗帜，在此基础上组织、引导农民实现自我管理、自我教育、自我服务，构建和谐、稳定的农村社会。

无数事实表明，一个基层党组织，往往好就好在有个好的书记。正如德国政治学家罗伯特·米歇尔斯说过：“现代文明社会日益广泛的社会分工，使我们越来越无法一下子就能把握国家的政治组织及其日益复杂的运行机构。组织成员在文化和教育上也存在深刻差异，这种差异使大众对领袖的需要更为急切。”① 中国农村迫切需要一批能力出众、广受信赖的领袖人物带领人们朝着共同的目标一致行动。学界把它称为“农村社会的精英现象”，将这些“基层党组织的精英”培养为“返乡创业群体领头雁”是党在农村的有效活动方式之一。

可见，旗帜就是方向，发挥基层党组织的政治功能，最重要的是抓好思想理论建设，加强理想信念教育，坚持不懈地用科学理论武装党员干部和广大群众的头脑，坚定信仰、信念、信心，提高思想理论素质，转化为改造主客观世界的强大思想武器。教育引导党员干部和群众增强对中国特色社会主义的政治认同和思想认同，增强道路自信、理论自信、制度自信，打牢中国特色社会主义事业发展的政治基础，确保在任何时候在政治上不迷失方向。

（二）“返乡创业群体领头雁”的N种政治角色

一般认为，“返乡创业群体领头雁”是基层党组织中靠得住、有本事、肯干事、群众公认的优秀人才和村庄权威。问卷调研显示，所在村党支部“返乡创业群体领头雁”（书记、委员）来源于村优秀共产党员的比例为66.8%，来源于致富能人的比例为15.6%。可见，这些有效的村庄权威是由政治身份、经验、道德品质、智力、领导能力、资历、经济地位

---

① 〔德〕罗伯特·米歇尔斯：《寡头统治铁律：现代民主制度中的政党社会学》，任军锋等译，天津人民出版社，2002，第48页。

等构成的，能够使返乡创业群体产生一种发自内心的尊敬、信任和钦佩（见表 5-12）。

表 5-12　所在村党支部“返乡创业群体领头雁”（书记、委员）来源

单位：%

类别	频率	有效百分比
村优秀共产党员	548	66.8
致富能人	128	15.6
返乡创业群体	26	3.2
复员军人	54	6.6
退休企事业单位干部	23	2.8
其他	41	5.0
合计	820	100.0

基层党组织的“返乡创业群体领头雁”可以是来自普通的返乡创业群体、党员；可以是村庄领袖、村庄精英，只要具备一定的素质和潜质，都能够被纳入培养序列。当问及“所在村党支部书记、委员产生方式”时，41.1%的被调查者选择了群众推荐和党内选举相结合，32.5%的人选择了党内选举，可见，“返乡创业群体领头雁”往往具有一定威望与影响力，能够充分发挥其组织、倡导、引导作用，使返乡创业群体积极参与村庄治理，成为农村建设的主体力量，共同促进农村的和谐发展（见表 5-13）。

表 5-13　所在村党支部书记、委员产生方式

单位：%

类别	频率	有效百分比
党内选举	269	32.5
上级委派	111	13.4
群众推荐	89	10.8
群众推荐与党内选举相结合	340	41.1
其他	18	2.2
合计	827	100.0

强化政治功能，就是要增强基层党组织坚持政治方向的坚定性。根据调查问卷，“返乡创业群体领头雁”的政治引领功能必须牢牢把握根本政治方向，其中81%的被调查者选择了“全党服从中央、自觉维护中央权威”，79.6%的人选择了“坚持党的基本理论、路线、方针和政策”，67.8%的人选择了“严明党的政治纪律”，63.4%选择了“具备坚定的共产主义信仰”（见表5-14）。

表5-14 “返乡创业群体领头雁”的政治引领功能（多选）

单位：%

类别	频率	有效百分比
全党服从中央、自觉维护中央权威	671	81.0
坚持党的基本理论、路线、方针和政策	659	79.6
严明党的政治纪律	561	67.8
具备坚定的共产主义信仰	525	63.4

注：N=828。

发挥“返乡创业群体领头雁”的作用，应当在政治上拥护党的领导，支持和理解党关于农村的方针、政策；有一定的文化基础与积极向上的进取意识；有把握市场规律、发展经济的能力；有敏锐的头脑和灵活的处事方法；有较强的组织动员和管理能力；严于律己，有民主、法制观念，有为返乡创业群体服务的意愿。在问卷中，52.9%的受访者认为“返乡创业群体领头雁”应该“遵守廉洁自律规定，不侵占集体利益”，24.8%的人认为应当“有政治担当，维护集体利益”，9.2%的人认为应当“有公德心，一碗水端平”，13.1%的人认为应当成为“致富能手，带动群众发展经济”（见表5-15）。

表5-15 “返乡创业群体领头雁”发挥带领群众作用方面

单位：%

类别	频率	有效百分比
遵守廉洁自律规定，不侵占集体利益	442	52.9
有政治担当，维护集体利益	207	24.8
有公德心，一碗水端平	77	9.2
致富能手，带动群众发展经济	110	13.1
合计	836	100.0

在思想引领方面，65.4%的被调查者选择了“心系群众、服务人民”，22.9%的被调查者选择了“真抓实干、务求实效”，可见农村工作的复杂性和综合性决定了“返乡创业群体领头雁”角色的复合性。第一，它必须是群众意见的表达者和综合者。作为返乡创业群体与两委之间的中介，“返乡创业群体领头雁”必须是返乡创业群体意见的代言人，在倾听个体意见的基础上，寻求各方意见的“最大公约数”加以整合，实现返乡创业群体意见的有效表达。第二，它必须是群众利益的代表者和协调者。“返乡创业群体领头雁”能够调动各种社会资源，实现和维护返乡创业群体的合法利益，通过教育、组织等手段调节利益相关者之间的冲突、争端，引导农村利益共同体的形成。第三，它必须是实现农民组织化的组织者。通过自身的感召力与影响力，扩大农民的信任半径，将单个的农民纳入组织当中形成联合，提高其维护自身政治地位与经济利益的能力（见表5-16）。

表5-16 “返乡创业群体领头雁”在思想引领方面需发挥的作用

单位：%

类别	频率	有效百分比
心系群众、服务人民	548	65.4
真抓实干、务求实效	192	22.9
秉公用权、廉洁从政	55	6.6
勤奋好学、学以致用	15	1.8
顾全大局、令行禁止	28	3.3
合计	838	100.0

在调研中我们发现，关于如何加强“返乡创业群体领头雁”的凝心聚力作用，56.2%的被调查者认为需要“加强党内民主建设，发挥党员党内生活主体作用”，25.2%的被调查者认为需要“多关心党员疾苦，解决党员实际困难”，13.8%的人认为需要“加强反腐倡廉工作，提升党员干部形象”，可见，关键问题在于实现引导、规范、整合党内民主，兴办农村公益事业、协助调解邻里纠纷等方面的作用，又使群众利益诉求有了制度化的反映渠道，提高了返乡创业群体建设新农村的热情，是对党内民主的完善（见表5-17）。

表 5-17 “返乡创业群体领头雁”发挥凝心聚力作用的最主要途径

单位：%

类别	频率	有效百分比
加强党内民主建设，发挥党员党内生活主体作用	466	56.2
多关心党员疾苦，解决党员实际困难	209	25.2
加强反腐倡廉工作，提升党员干部形象	114	13.8
多开展有兴趣的活动，吸引党员参与	33	4.0
多发奖金	7	0.8
合计	829	100.0

（三）党的领导是“定海神针”

强化政治功能，需要增强基层党组织维护党的领导的自觉性。问卷调查显示，75.6%的被调查者认为“返乡创业群体领头雁”能很好地发挥引领作用。可见，中国共产党是中国特色社会主义事业的领导核心。党的领导是我们战胜一切困难和风险的“定海神针”。党的领导，首先体现在中央领导集体，也体现在地方各级党委，还体现在广大基层组织。党的领导主要是政治、思想和组织的领导。基层党组织坚强有力，党的领导就有了物质支撑和可靠保障（见表 5-18）。

表 5-18 对村党支部“返乡创业群体领头雁”政治引领作用的评价

单位：%

类别	频率	有效百分比
能很好地发挥引领作用	623	75.6
作用一般，没有担当精神和工作魄力	123	14.9
比较脱离老百姓	37	4.5
完全听从上级	41	5.0
合计	824	100.0

然而，在现实政治中，还存在种种制约影响“返乡创业群体领头雁”发挥作用的因素。其中，34.3%的被访问者认为“返乡创业群体领头雁”

的政治素质有待提高，所谓的“政治素质不高”，主要包括“返乡创业群体领头雁”身上存在的一些不容忽视的问题，比如宗旨意识不牢，想自己的事多，想别人的事少，心思不在工作上；有的作风漂浮，心与群众存在隔膜；有的素质能力还不高，力不从心；有的办事不公，优亲厚友，群众有意见。32.9%的被访问者认为年龄偏大也是一个重要的影响因素；30.8%的人认为“待遇水平较低”也是一个重要方面；50.4%的被访问者认为“村集体经济发展薄弱”也有一定影响。针对这些因素，需要创造平台让其发挥效用。比如，将“返乡创业群体领头雁”培养成党员，将党员培养成党的干部，通过竞争选举参与村庄的治理，比如议事会、理事会、监事会之类的机构，给予其一定的参与决策权。通过构建“返乡创业群体领头雁”意见表达与表达决策的机制，发挥搜集、表达群众意见的作用（见表5-19）。

表5-19　影响党支部书记、委员发挥“返乡创业群体领头雁”作用因素（多选）

单位：%

类别	频率	有效百分比
政治素质有待提高	280	34.3
年龄偏大	269	32.9
待遇水平较低	252	30.8
村集体经济发展薄弱	412	50.4
“两委关系”不顺	81	9.9
活动经费缺乏	275	33.7

注：N=817。

对此，应该加强对“返乡创业群体领头雁”的教育和培训。59.2%的返乡创业群体认为应该加强“政策、法规和制度”的教育培训；56.8%的返乡创业群体认为应当培训更多的“农村经营管理知识”；31.9%的返乡创业群体认为应当培训“农业生产养殖技术”，30.3%的人认为应当提供更多的“市场信息”，24%的人认为应当加强“典型经验”的培训，37.9%的返乡创业群体认为应当加强对“农村医疗、卫生、保健”的教育培训（见表5-20）。

表 5-20 对“返乡创业群体领头雁”加强教育培训方面（多选）

单位：%

类别	频率	有效百分比
政策、法规和制度	490	59.2
农村经营管理知识	470	56.8
农业生产养殖技术	264	31.9
市场信息	251	30.3
典型经验	199	24.0
农村医疗、卫生、保健	314	37.9
其他	28	3.4

注：N＝828。

实践证明，基层党组织的战斗堡垒作用和党员的先锋模范作用发挥得越好，党的战斗力就越强，党的威信就越高，党的领导体现得就越好。基层党组织要强化党的意识，在党言党、在党忧党、在党为党，自觉担负起爱党、忧党、兴党、护党的职责，自觉维护党的团结统一，维护党中央的权威，维护党的领导，维护党的形象，增强同党中央保持高度一致的思想自觉、政治自觉和行动自觉，不折不扣地贯彻党的理论和路线方针政策，不搞各自为政、各行其是。

强化政治功能，就要增强基层党组织党内政治生活的严肃性。严肃的组织生活是基层党组织教育管理党员和党员进行党性锻炼的主要平台。有什么样的党内生活，就有什么样的基层组织和党员队伍。基层党组织班子强不强、政治功能发挥怎么样、有没有战斗力，同有没有严肃认真的党内政治生活密切相关。充分发挥基层党组织的政治功能，要从严肃党内政治生活抓起，基层党组织和广大党员都要按照党章和党的各项规定办事。要引导基层党组织深刻认识严肃党内政治生活的重大作用，深刻认识党内政治生活不正常的严重后果。坚持和发扬实事求是、理论联系实际、密切联系群众、开展批评和自我批评、坚持民主集中制等优良传统，提高党内政治生活的政治性、原则性、战斗性，使党内政治生活真正起到教育改造提高党员、干部的作用。党内政治生活和组织生活都要讲政治、讲原则、讲规矩，不能随意化、平淡化，更不能娱乐化、庸俗化。积极健康的思想斗争，不断洗涤每个党员的思想和灵魂，使严肃的党内生活成为锻炼党性、提高思想觉悟的熔炉。

强化政治功能，就要增强基层党组织联系服务群众的紧密性。党的根基在人民、血脉在人民、力量在人民。党同人民群众的关系问题，关系党的兴旺发达和生死存亡。基层党组织处在一线，广泛分布在党员和群众中间，联系群众、服务群众、教育群众、凝聚群众的任务更直接、更具体、更聚焦、更紧要。基层党组织要经常了解群众对党员、党的工作的意见，维护群众的正当权利和利益。要自觉践行党的根本宗旨，以服务群众、做群众工作为主要任务和基本职责，把为群众排忧解难、办实事好事作为工作的基本出发点和落脚点。做工作、办事情，要多听群众的意见，充分体现群众的意志、利益和要求。党组织开展活动，要与群众的关心关切结合起来。

强化政治功能，就要增强基层党组织完成党的任务的创造性。基层党组织是完成党的任务的力量支撑。党的路线方针政策最终要靠基层党组织贯彻落实到基层；党的各级领导机关提出的各项任务，最终要通过基层党组织团结带领广大群众去完成。基层党组织要积极宣传和坚决执行党的路线方针政策，宣传和执行党中央、上级组织和本组织的决议，充分发挥党员的先锋模范作用，积极创先争优，团结、组织党内外干部和群众努力完成本单位担负的任务。基层党组织要教育引导党员、干部和群众理解改革、支持改革、参与改革，积极投身改革事业，为推进改革贡献力量。要适应改革新要求，提高自身治理能力，做好宣传引导、解疑释惑、化解矛盾等工作，集聚正能量，消解负能量，把党的组织优势转化为治理服务优势，确保改革任务落实。

强化政治功能，就要增强基层党组织坚守党的阵地的战斗性。基层党组织分布在各条战线、各个领域，一个组织一个堡垒，一个堡垒一个阵地。经历革命、建设和改革 100 年的考验，我们党由小到大、由弱到强，不断发展壮大，与基层党组织的战斗堡垒作用分不开。在新的历史条件下，我们党面临的“四大考验”是长期的严峻的，面临的“四种危险”是尖锐的复杂的。同时，来自各方面的挑战，来自境内外各种敌对势力、邪恶势力向我们党争夺群众、争夺阵地的斗争从来没有停止过。基层党组织不仅处在改革发展稳定的第一线和主战场，也处在创新改革攻坚的第一线和主战场，必须牢固树立阵地意识，坚持守土有责、守土尽责。

总之，政治功能是基层党组织最关键、最根本的特质，是基层党组织最核心、最要紧的功能。要旗帜鲜明地宣传，理直气壮地坚持，坚持不懈地落实，使党的执政基础深深根植于人民群众之中，确保我们党始终成为中国特色社会主义事业的坚强领导核心。

二 链接市场与乡村

（一）市场不确定性带来的风险

在对 M 村庄的访谈调研过程中，我们发现农民以家庭为单位各自为政，直接面对市场，与市场对接。在这个面对市场的过程中，所有的风险基本上全部都落到了农民和农民家庭身上。农民说，不敢只种一种菜，因为一旦这种菜销路不好就会大亏。对于没有多少积累的小农家庭来说，这无疑是致命的伤。

在一般 3~4 亩的家庭承包地上从事蔬菜种植的农民，缺乏对市场的了解，也很难预计市场的未来趋势，而这些不确定性带来的风险，全部都是小农家庭自己承担。即使在这种情况下，村庄的菜农们也没有合作，没有组织。他们都是各自为政，用农民自己的话说，“各干各的活，各管各的事，各吃各的饭”。

没有了合作，农民也没有了与市场博弈的资本。在面对市场的时候，只有完全服从市场。农民之所以不能合作起来共同面对市场，一方面是因为农民自己对此没有认识，村干部说现在的农民是“自在王”，只管自己不管别人，核心家庭本位主义下的农民对合作和组织化并没有深刻的认识；另一方面，村级组织和基层组织不管不问也是重要的原因。缺乏对乡村进行治理资源的同时，也丧失了根据不同乡村的不同情况进行治理的自主权和空间，如此也就造就了基层遵循“不出事的逻辑”。在这样的背景下，村级组织缺乏权力，基层政府缺乏动力，依赖村级组织和基层政府组织农民合作在目前的形势下难以成行。但这并不是说就无法组织农民合作。

在当下，农民面对巨大的市场风险，政府若仅是“作壁上观”，则势必导致市场在通过各种方式向农村社会转嫁风险的同时大量提取利润，从而进一步影响农村社会稳定。对于数量扩大且缺乏应对市场的能力和知识的农民，政府须以实际的行动进行干预。除了出台各种支持政策，对农民进行补贴、提供灾害救助等之外，最主要的也是最积极的方式也许就是“返乡创业群体领头雁”组织农民，成立各种形式的合作组织，在政府的帮助下共同应对市场风险，向市场争取利润空间。

村庄处于整个市场的生产末端，为市场生产产品，但他们在付出大量劳动力和市场的同时，利润空间却被压缩。而这些以家庭为单位赤膊上阵的农民，无法与市场博弈，更不能与市场抗衡。面对残酷的市场竞争，为了维护农村社会稳定，促进农村经济发展，农民组织起来很有必要。而这需要政府的积极支持、乡村“返乡创业群体领头雁”的积极组织和农民的积极行动。

（二）“返乡创业群体领头雁”的经纪人角色

在《中国共产党农村基层组织工作条例》中，农村基层党组织被赋予讨论决定乡镇、村“经济建设和社会发展中的重要问题”的职责。领导农村经济建设和社会发展，应该体现在对宏观大局的把握和经济发展方向的引导上。这些“返乡创业群体领头雁”将农民组织起来，建立组织目标，制定工作制度，完善规划方案。

比如，在问卷调查中我们发现，当问及“返乡创业群体领头雁”中的致富能人，71.4%的被调查者选择了“村书记”，41.4%的被调查者选择了“村委副书记”，其他身份如“村妇女主任”“村治保主任”“村会计”“其他两委委员”等都占据了一定比例。这些“返乡创业群体领头雁”充分利用自身及村委会、村集体经济组织、共青团、妇代会等群团组织的影响力，在群众中进行宣传和倡导，实现全民的共同参与。在有组织的活动中形成合力，从而有效地解决农业问题、满足农民需要、促进农村发展（见表5-21）。

表5-21　“返乡创业群体领头雁”中的致富能人

单位：%

类别	频率	有效百分比
村书记	588	71.4
村委副书记	341	41.4
村妇女主任	131	15.9
村治保主任	121	14.7

续表

类别	频率	有效百分比
村会计	165	20.0
其他两委委员	168	20.4
没有	77	9.4

注：N=823。

当被询问“返乡创业群体领头雁”的致富领域在哪里，选择“农业公司或工业大工厂”的为30.4%，选择“家庭小作坊或小型企业”的为29.4%，选择“组织建筑队或承接工程”的为8.2%，选择“高效农业”的为24.6%，选择“服务业”的为7.5%。可见农业经济结构是一个立体而复杂的概念，既是生产力结构和生产关系结构的有机结合，也指经济生产各要素之间组织方式以及相互比例关系。通常意义上农村经济结构包含农业内部结构、产业结构、劳动力结构以及所有制结构（见表5-22）。

表5-22 “返乡创业群体领头雁”致富领域

单位：%

类别	频率	有效百分比
农业公司或工业大工厂	242	30.4
家庭小作坊或小型企业	234	29.4
组织建筑队或承接工程	65	8.2
高效农业	196	24.6
服务业	60	7.5
合计	797	100.0

在调查中，当问到村支部“返乡创业群体领头雁”具有怎样的经济发展能力，29.8%的受访者选择了“个人创业，带动返乡创业群体就业”，45.1%的受访者选择了“推动产业发展，促进农民增收”，其他选项分别为“推动土地流转”“组织劳务输出”“发展集体经济，提高分红福利”（见表5-23）。

表 5-23　对“返乡创业群体领头雁”经济发展能力的评价

单位：%

类别	频率	有效百分比
个人创业，带动返乡创业群体就业	244	29.8
推动产业发展，促进农民增收	369	45.1
推动土地流转	104	12.7
组织劳务输出	41	5.0
发展集体经济，提高分红福利	61	7.4
合计	819	100.0

在问卷中，关于村支部的“返乡创业群体领头雁”是“如何带动发展现代农业的”，39.3%的人选择了“组织合作社提供服务”，38.8%的人选择了“扶持经济作物产业发展”，7%的人选择了“为家庭农场服务”，15%的人选择了“培养新型农民”（见表 5-24）。从农业内部结构上看，由以“以粮为纲”的种植业为主到农林牧副渔全面发展。种植业本身也在变化，粮食作物比重下降，经济作物和其他作物比重上升。农业生产力水平提高，家庭联产承包责任制赋予农民对土地独立的使用权和经营权，农民成为决策主体，拥有生产、经营自主权以后，生产积极性空前高涨，农业内部结构开始由传统农业的小而全、大而全向现代农业的高、深、精发展，这是一个从量到质的转变。

表 5-24　“返乡创业群体领头雁”带动发展现代农业方式

单位：%

类别	频率	有效百分比
组织合作社提供服务	316	39.3
扶持经济作物产业发展	312	38.8
为家庭农场服务	56	7.0
培养新型农民	121	15.0
合计	805	100.0

在村支部的“返乡创业群体领头雁”如何“推动农民工返乡创业”这一问题上，57.1%的受访者选择了“积极对接政策支持”，30.4%的受访者

选择了“提供协调对接服务”，还有部分受访者选择了“提供水利、农机耕道服务”。根据调查问卷，从劳动力就业结构来看，家庭联产承包责任制以及现代科学技术的普及，大大提高了劳动生产率。与此同时，乡镇企业的发展、市场经济的繁荣，使原本作为农业生产主要劳动力的青壮年大量非农化，所谓的“3860 部队”（妇女、老人）成为农业生产劳动力的主体。农业非农化的青壮年劳动力大量从第一产业向第二、三产业转移，在城乡之间流动就业，“离农化”已成普遍现象，“半耕半工”成为当前农村经济形态的显著特点（见表 5-25）。

表 5-25 “返乡创业群体领头雁”推动农民工返乡创业方式

单位：%

类别	频率	有效百分比
积极对接政策支持	466	57.1
提供协调对接服务	248	30.4
提供水利、农机耕道服务	47	5.8
没有什么支持举措	55	6.7
合计	816	100.0

（三）“围绕经济抓党建”

原本由国家主导的有序、均衡的利益分配格局不复存在，在获取发展资源与改革红利过程中，各个利益主体、阶层之间的冲突不可避免，甚至发生激烈的碰撞。农村社会的利益关系由国家—集体—个人的简单线性关系变成一张复杂的利益网，其中隐含了各种利益关系：农民之间、农民与村组之间、干群之间、干干之间等。要让利益关系中的主体各得其所，且所得为所需；当面对国家利益、集体利益及个人利益，长远利益与短期利益的冲突时，各方能否果断地舍弃个人利益与短期利益，服从国家、集体与长远的利益，这都是当前农村基层党组织面对的难题。

利益关系是当前农村社会最重要的关系之一，它是建立农民组织的基础，是培养归属感的源泉，更是农村发展的动力所在。党组织的“返乡创业群体领头雁”应基于对民意的充分了解之上，当仁不让地成为农民根本利益的代表者、维护者和代言人。

关于问卷中“更好地发挥‘返乡创业群体领头雁’的经济挂帅功能途径”，71%的被调查者选择了“更多的资金、项目投入”，46.7%的被调查者选择了“依法治村”，42.6%的被调查者选择了“教育培训”（见表5-26）。

表5-26　更好地发挥“返乡创业群体领头雁”的经济挂帅功能途径

单位：%

类别	频率	有效百分比
减少下派任务	173	21.0
更多的资金、项目投入	584	71.0
自主治村	238	29.0
依法治村	384	46.7
教育培训	350	42.6

注：N=822。

在制约“返乡创业群体领头雁”经济功能的发挥这一问题上，64.6%的人认为主要原因在于“集体经济的孱弱”，43.2%的人认为主要原因在于“无法形成合力”，41.0%的人认为是“空心化”的村庄带来了种种问题，32.9%的人认为主要原因在于“民心涣散”（见表5-27）。

表5-27　制约“返乡创业群体领头雁”经济功能发挥因素

单位：%

类别	频率	有效百分比
集体经济的孱弱	526	64.6
无法形成合力	352	43.2
“空心化”的村庄	334	41.0
民心涣散	268	32.9

注：N=814。

在社会主义条件下发展市场经济，既是一个伟大创举，又是一个全新课题。农村基层党组织“返乡创业群体领头雁”要适应农村社会在市场经济条件下的体制机制的变革，遵循经济运行客观规律，以基层党组织为农村社会组织的领导核心，提高领导农村经济社会发展水平。

第一，“返乡创业群体领头雁”在集体经济发展中，要通过组织党员带头示范、党群联合致富等模式，发挥党员带动群众共同致富的能力，发挥村党支部组织、资源优势，引导、组织农民，发挥农村基层党组织的指导和领导作用。不断增强农村基层党组织的战斗力、凝聚力和创造力。充分发挥农村基层党组织的领导核心作用，为建设社会主义新农村提供坚强的政治和组织保障；切实维护农民的民主权利；健全村党组织领导充满活力的返乡创业群体自治机制；加强对社会主义新农村建设工作的领导。

第二，“返乡创业群体领头雁”始终把解决好农业农村农民问题作为全党工作重中之重，“保供增收惠民生、改革创新添活力”，涵盖农产品供给保障机制、农业支持保护力度、农业生产经营体制、农业社会化服务新机制、农村集体产权制度、农村公共服务方面。基层党组织的“返乡创业群体领头雁”必须紧紧围绕农村经济发展，才能赢得广大群众的拥护，党建工作才有着力点。

第三，“返乡创业群体领头雁”必须紧紧“围绕经济抓党建，抓好党建促发展”的工作方针，以发展农村经济为中心工作，通过建设现代农业、提高农业生产总值、增加农民收入，改善农村群众生活，全面推进农村经济发展和社会进步。不断改革创新，着力解决好农村经济社会发展存在的突出问题。基层党组织要深入群众，帮助农民群众排除生产生活中的实际困难，真正做群众的依靠。

三　干群关系走向“质的飞跃”

（一）从“强关系”到“弱关系”

最近10多年来，基层干群关系发生了质的变化。在21世纪之前，农村最有威望的人当属干部和教师，农村干部的工作直接关系群众的日常生活，无论此时干部和群众之间有多少矛盾和问题，干群之间都是有强关系的。而进入21世纪，特别是免除农业税后，干群关系发生了极大变化，由过去的强关系变成了一种弱关系，甚至是没关系。

有一位被访谈的老书记说：“现在（干群关系）淡了，大家都忙着抓钱呢，谁也不理谁。即使是你上门收医保，本来是为他服务，他还是不理你。”老书记为村庄干部地位和威望垂直下降而倍感失落。过去，干部工作多，需要不断和农民打交道，特别是在收税费和执行计划生育政策过程中，和农民发生了很大的矛盾，严重的地方导致了干群矛盾激化甚至酿成大祸。然而在税费改革后，这个紧张的关系突然发生了改变，农村干部能够发挥作用的地方变得很少，返乡创业群体的大部分日常生活与干部之间越来越少有联系，导致很多年纪大的农村干部感到不适应。

出现这种干群关系的现状，原因有很多。首先，村庄集体资源缺乏，干部没有了开展工作的经济基础。过去很多村庄在税费改革之前欠下不少债务，其中一部分都以村庄的集体资源进行变卖等方式来偿还。缺乏了集体经济来源，村庄干部各项工作就缺乏了基础。如今，大部分的干部工资都是依靠国家转移支付，而这部分资金，发干部工资都尚显紧张，更不用说挪出钱来用于其他公共事业。那位老书记说：“钱没有，哪儿有权！”没权又没钱，自然什么事情都干不了。那位老书记告诉我们，他们的工资都是由镇里用转移支付的钱来发放的，所有的账目都归镇里财务口管理，他们无权过问。村里各项办公等开支，都需要从镇里报账。如此，则村干部自由行动的权力进一步受限。

我们看到，村干部—村庄富人—农民三者之间，看似没有太多联系，实际是通过“村庄”这个平台和媒介发生关系。只是农民在现今经济更加独立，政府管理方式转型，农民生活更加个体化，因而对村庄干部和公用事业的关心更少。与此同时，干部则在农民的这种“忽视”中，利用自己的身份和机会，帮助自己获得利益，进而成为村庄的富人。村庄的发展机会被少数人利用，将村庄的发展资源转化成了个人的发展资源。

中国共产党全部工作的出发点和归宿就是为人民群众谋利益。能否关注群众利益诉求、密切党与群众的关系，关系中国共产党执政基础的牢固与否。应正确对待群众的利益诉求，尤其是正确的、合理的诉求，应积极满足。改革开放初期，人民生活水平低，人们的需求主要是物质利益需求，新时期，随着综合国力的上升，人们的需求也随之发生改变，更加注重个人发展、个人价值。

（二）知民者可贵

我们通过一系列的问卷设计，对新时代村党支部“返乡创业群体领头雁”的作风建设问题进行了调研。调查问卷显示，新时期随着综合国力的提升，人们的需求也随之发生改变，更加注重个人发展、个人价值。例如，对参政议政的要求，对知情权、管理权的要求，这要求我们在经济建设的同时关注民生、关注社会管理、关注人的自由健康平等发展。“返乡创业群体领头雁”要通过制度建设解决弱势群体生活问题，把人民群众的利益放在首位，巩固党的执政地位，构建农村和谐社会。

其中，当问及您认为“返乡创业群体领头雁”的哪些作风最让您不满意时，45.9%的人认为问题在于“只说不做，摆花架子”，24.2%的人认为一些干部表现出“吃拿卡要”的作风，22.3%的干部表现出“独断专行”的工作作风，26.4%的干部有点爱“摆官架子”，43.6%的干部显得在某些问题上“缩手缩脚、前怕虎后怕狼”（见表5-28）。

表5-28 最不满意“返乡创业群体领头雁”的作风

单位：%

类别	频率	有效百分比
只说不做，摆花架子	351	45.9
吃拿卡要	185	24.2
没有改进	245	32.1
独断专行	170	22.3
摆官架子	202	26.4
缩手缩脚、前怕虎后怕狼	333	43.6
其他	66	8.6

注：N=764。

当问及影响“返乡创业群体领头雁”作风建设的原因时，28.4%的被调查者认为“领导引领”很重要，21.6%的人选择了党员监督，25.7%的人选择了群众监督，22.8%的人选择了自我约束（见表5-29）。可见，“返乡创业群体领头雁”要贯彻和落实党的群众路线，提升为民办事的能力，把各项工作落到实处，解决群众生活的难题，成为人民群众的后盾。毛泽东提出，“全心全意为人民服务，一刻也不脱离群众；一切从人民的利益出发”。

表 5-29　影响“返乡创业群体领头雁”作风建设的原因

单位：%

类别	频率	有效百分比
领导引领	231	28.4
党员监督	176	21.6
群众监督	209	25.7
自我约束	185	22.8
其他	12	1.5
合计	813	100.0

注：N=833。

调查问卷显示，作为“返乡创业群体领头雁”的党员、干部，更应该勤政为民、谋利为民，最终服务于民。做好这些必须提升工作能力，一是要有坚定的政治信仰和较高的政治觉悟，关键时刻心系群众，为党、为国家、为人民是个人利益的最终追求；二是养成勤勉的工作习惯；三是建立良好的群众关系，善于为群众服务，心系群众，才能真正为群众办事、办好事；四是培养廉洁的工作作风，清正廉洁、作风端正；五是善于学习，不断充实和丰富理论知识，积累工作经验及与工作相关的业务知识，成为管理科学化、农业产业化、农业现代化的专门人才。

在问及“返乡创业群体领头雁”需培养修养品德情况时，63.6%的人选择了“社会公德和家庭美德”，62.5%的人选择了“助人为乐和无私奉献”，74.6%的人选择了“勇于担当和敢于负责”，51.9%的人选择了“独立精神和善于思考”，63.6%的人选择了“踏实、务实的工作作风”（见表5-30）。可见，群众路线就是要自觉增强与群众的感情，和谐党群关系。调查问卷显示，在新的历史条件下坚决防止和消除脱离群众的危险，要求“返乡创业群体领头雁”始终保持党同人民群众的血肉联系，加强和改进党的建设。对人民群众的感情问题，不是无关紧要，不是可有可无，而是事关改革发展大业顺利推进的重大问题。只有对群众充满感情，才会有工作的热情和激情，才能真抓实干，真正解决群众最实际的问题，才能得到人民群众的支持与拥护。

表 5-30 “返乡创业群体领头雁”需培养修养品德情况（多选）

单位：%

类别	频率	有效百分比
社会公德和家庭美德	529	63.6
助人为乐和无私奉献	532	62.5
勇于担当和敢于负责	621	74.6
独立精神和善于思考	432	51.9
踏实、务实的工作作风	529	63.6
其他	19	2.3

根据调查问卷，59.2%的人认为“返乡创业群体领头雁”应该通过制度、法治治村，20.5%的人认为“返乡创业群体领头雁”应该发扬党内民主（见表 5-31）。可见，“返乡创业群体领头雁”坚持党的群众路线，建立健全各项制度是保障。《孟子·离娄上》讲，“不以规矩，不能成方圆”，规矩即现代社会的制度，制度是人们在长期的社会实践中逐步形成的对行为主体具有规范性、约束力的行为准则、规则和边界。判断一个社会的文明程度，制度是一项重要指标。邓小平指出，“制度好可以使坏人无法任意横行，制度不好可以使好人无法充分做好事，甚至会走向反面”。① 可见，建立健全各项制度，是新时期贯彻落实群众路线的重要保障。

表 5-31 “返乡创业群体领头雁”治理村庄方式

单位：%

类别	频率	有效百分比
制度、法治治村	493	59.2
发扬党内民主	171	20.5
一把手负责制	26	3.1
党务财务公开	70	8.4
协商民主	73	8.8
合计	833	100.0

① 《邓小平文选》第 2 卷，人民出版社，1994，第 333 页。

知民情重要，知民者可贵。知民，才会爱民，爱民是美德。根据调查问卷，“领导干部对人民充满感情，不是恻隐之心，而是政治责任；不是策略安排，而是价值取向；不是权宜之计，而是根本要求”。只有对人民群众充满感情，才会有工作的热情和激情，才能真抓实干，真正解决群众最实际的问题，才能得到人民群众的支持与拥护。

一些领导干部患上了对人民群众的“感情冷漠症”，“感情冷漠症”的危害是严重的。如果领导干部对人民群众没有感情，不仅会损害人民群众的利益，而且会损害人民群众对党的感情，动摇党的执政基础。领导干部是否对人民群众充满感情，绝不是个人的小事，而是与党的事业兴衰成败密切相关的大事。从这层意义上说，领导干部对人民充满感情，是崇高的政治责任。古人曰：“为政之道在于安民，安民之要在于察其疾苦。”郑板桥有诗曰：“衙斋卧听萧萧竹，疑是民间疾苦声。”这些良言诠释了识民生、懂民意、问民苦、解民难的道理。珍视群众感情，才能真正做到“深怀爱民之心，恪守为民之责，善谋富民之策，多办利民之事”。

可见，“返乡创业群体领头雁”必须坚持党的群众路线方针，严肃党内政治生活，提升自我革新能力，切实净化党风政风，提高党组织的凝聚力与战斗力。各级党员干部尤其是基层党员干部，必须要严于律己，切实提升党性修养，坚决同不良风气、腐败行为做斗争。基层党员干部与人民群众沟通最多，最了解广大人民群众的诉求与期盼。因此，只有基层党组织发挥好“返乡创业群体领头雁”的作用，才能在人民群众与党组织之间架起沟通与信任的桥梁，才能聚民心、顺民意。

四　总结：子帅以正，孰敢不正

在全面深入的问卷调研和重点突出的典型访谈完毕后，可以发现，我们不仅不能回避新时代、新形势下基层党建中存在的问题和困难，还要探讨解决问题的思路和方法。对此，可以从以下几个方面进行简要总结和凝练。

第一，坚持政治引领，着力选优配强。要突出基层党组织的政治功能、加大其政治引领力度，就必须加强政治学习，坚持用习近平新时代中国特色社会主义思想武装头脑。要坚持“三会一课”制度，使全体党员干部能够切实理解基层党组织建设的重要性，同时，广大党员干部要树立责任担当意识，完善基层党组织的战斗堡垒功能，切实发挥基层党组织的“返乡创业群体领头雁”作用。还是本书开头的问题，“返乡创业群体领头雁”的具象问题。

第二，强化经济助推，加强管理监督。当前，部分基层党组织工作推进不明显，取得的成果不尽如人意，主要在于没有抓好“返乡创业群体领头雁”这一关键。因此，要旗帜鲜明地树立“为发展选干部、凭实绩论英雄”的选人用人导向，特别是要更加注重任用在重点项目一线表现突出、作风优良的干部，构建来自基层的党政领导干部培养链，真正做到让能干事者有机会，干成事者有舞台。在党建这片沃土上，一旦监管缺位，十分容易滋生害虫。因此，基层党建急需清正廉洁的“返乡创业群体领头雁”做好示范，做好表率，将不良风气扼杀在萌芽状态，还党建一片净土。

第三，“责任心田”自种，完善制度激励。切实履行好第一责任人的政治责任，切实把推进党风廉政建设和反腐败工作作为应尽之责、分内之事，基层党委务必把责任扛在肩上，把要求落实到行动上，做到以严字打头，以实字打底。同时要建好制度，不仅要针对当前突出问题堵漏洞，更要着眼长远，强化对权力运行的制约和监督，着力构建不敢腐、不能腐、不想腐的长效机制，着力营造谋实事、创实绩的氛围。

第三节 “田园党建”引领生产方式变革

随着城乡发展一体化进程的加快，农村土地流转、农业规模化和产业化经营等现象十分突出，这些新情况和新问题也对农村基层党组织的设置、功能的实现、工作方式方法的改进和制度的完善等提出了新的挑战。课题组经过对江苏张家港市常兴社区常阴沙现代农业示范园区的“个案剖析”和“抽样问卷调查”，对其进行麻雀式解剖，试图从中总结农村基层党建的实践经验，以获得对提升农村基层党建科学化水平的规律性认识。

为了提升农村基层党建科学化水平，激发农村基层党建活力，广泛调动农村基层党组织和广大农民党员干部“服务新区建设、争当发展先锋”的积极性和创造性，常兴社区党委决定从 2017 年开始，推进农村基层“田园党建”工程，努力实现“组织堡垒坚强有力、党员队伍充满活力、活动载体清新活泼、制度机制规范科学”的生动局面。

一　现状

（一）常兴社区基本情况简介

常兴社区位于常阴沙现代农业示范园区东部，总面积 5.19 平方公里，耕地面积 5029 亩。社区下辖 12 个返乡创业群体小组，农户 652 户，人口 1982 人；社区党总支下辖三个党支部，8 个党小组，共有党员 65 名。社区先后荣获江苏省村庄建设整治示范村、苏州市建设社会主义新农村示范村、张家港市创建国家生态市“先进集体”、市优秀农村专业合作社、十佳“双富”基地、双十佳卫生村、市社会主义新农村基本现代化建设“示范村”、“张家港市 2009 年、2010 年文明社区标兵”等荣誉称号。

全村农业生产以传统的稻麦种植为主，同时经过几年的产业结构调整现有果品基地 1400 亩，设施蔬菜 310 亩，基本粮田 3300 亩。通过农业招商，流转土地 400 多亩，先后成立了蓝莹土地股份合作社、水源鸡合作社、百信源土地合作社，合作社的成立为园区特色农业、休闲农业营造了亮点，为社区经济增长开辟了新的途径。近年来，社区先后投入 600 多万元，建成了 4000 平方米的标准型厂房和一座休闲农庄，通过招商租赁承包，每年为社区增加 50 多万元的经济收入，稳定了社区的经济来源。区内空气清新、道路宽敞、环境优美，是集休闲度假、旅游观光、垂钓采摘、绿色农产品采购等多功能的现代生态休闲型社区。

（二）社区基层党建的现状和问题

在调研中，我们对社区党总支书记陈志华进行了深度访谈。陈志华认为，动力缺失是农村基层党建的突出问题。

一是社区财力来源单一，缺少投资增效项目；社区班子整体工作能力、业务水平还跟不上现代农业发展的步伐，班子团结拼搏精神还有待加强；在发展乡村旅游方面的整体规划和资源整合上需要合理优化。

二是党建工作的方式还有待进一步创新。在党建工作中，仍倾向于采取集中学习讨论、召开会议等常规办法，缺乏吸引力和凝聚力，党建活动的实效性不强。

三是党总支班子学习重点不突出、学习安排不系统、学习效果不明显。

虽然制定了“三会一课”制度，但还存在时紧时松的现象，班子成员常忙于具体工作，集中学习不多。

四是基层党组织设置相对滞后，组织活力有待提升。部分农村党员保持先进性的动力不足，部分农村党组织领导班子的战斗力不强，党建工作保障力度不够。

二 内容：园区党委精心策划和实施的“田园党建”工程

社区党委精心策划和实施的“田园党建”工程，主要从组织活力、队伍活力、载体活力和制度活力四个方面入手，全面提升农村基层党建科学化水平。

（一）激发组织活力，增强农村基层党员组织的凝聚力、战斗力和创造力

狠抓党员干部队伍建设。在社区党员中积极开展“两学一做”学习教育，学习贯彻共产党党章党规和习近平总书记系列重要讲话精神，不断增强党员干部党性修养，增强班子战斗力。2018 年培养入党积极分子 2 名，发展预备党员 1 名，转正预备党员 1 名。

严格落实基层党组织制度。2018 年初，社区党总支与园区签订《党风廉政建设责任书》，按照“谁主管、谁负责”原则，努力抓好制度建设，完善和坚持“三会一课”制度，坚持民主集中制、村务公开制，把执行制度的监督约束纳入工作考核的重要内容。

不断夯实党员教育阵地。2018 年社区成立了“常兴社区”微信公众号，通过 E 阳光平台发布各种党建信息。2018 年社区共建单位中国建设银行张家港分行（简称建行张家港分行）出资 1 万元新建常兴社区党员学习书屋，定期对党员开放。通过整合社区资源，立足共建机制、合理利用远程教育、网上村委会等阵地平台，为社区建设提供基石，努力实现活动场所标准化、村务管理规范化、服务功能配套化、信息建设数字化的“四化”目标。

（二）激发队伍活力，发挥“返乡创业群体领头雁”和先锋模范作用

农村党员干部队伍的活力是整个“田园党建”的根本。激发队伍活力

就是要切实改变农村党员在群众中威信不高，党员的荣誉感、责任感不强，党员的先锋模范带头作用不突出的现象，建设一支高素质的党员干部队伍。

加强社区班子个人队伍建设，贯彻党的十九大会议精神，深入开展两学一做，严格执行三会一课制度，坚持三严三实，树立党支部光辉形象。

抓好基层党建结对共建项目，开展精准结对帮扶及书记项目，严格执行党员积分考核制度。完善农村党员干部现代远程教育工作，实现与全国中心资源库、辅助教学中心网站的互联互通，完善乡镇、村、社区站点建设，为农村党员干部教育培训提供高效服务。

精心制定农村党员培训计划，将党中央文件精神、实用技术、指定书目和辅导报告综合起来，组建“学习套餐”，并通过理论宣讲团的宣讲，依托新农村建设指导员、驻村干部、大学生村干部队伍深入群众“互动式”说教等方式加强对农村党员干部的培训力度。

（三）激发载体活力，推进农村基层党建工作创新

载体活力是整个“田园党建”的手段和途径。社区党委围绕“服务社区建设”这一中心工作，扎实开展丰富多彩的主题实践活动，积极为农村基层党组织和党员作用的发挥搭建平台，提升农村基层党建科学化水平。

全力提升惠民服务水平。树文明创新风，开展“诚信教育”，弘扬文明正气。着力做好社区稳定工作，创文明、和谐的社区新风。深入开展各类送温暖、送关爱活动，切实为群众办好事、办实事。组织农户参加各类农业培训，积极推广农业新技术、新项目，促进农业增效、农民增收。扶贫帮困为民排忧。关注四类困难人员等弱势群体的统计上报、关心和慰问工作；全年对困难群众、困难党员、低保户等 76 户困难户进行慰问。

（四）激发制度活力，建立健全农村基层党组织建设的长效机制

制度活力是“田园党建”可持续的关键，要切实加强制度规范化建设，努力形成责任明晰、领导有力、运转有序、保障到位的工作长效机制。

全面深化党建服务项目。从 2016 年初开始推进实施“农机匠—兴科富民”党建项目，进一步深化社区党建工作，强化服务意识，取得了良好的工作成效和社会反响。在 2018 年园区举办的“党建好项目评选”活动中，常兴“农机匠”党建项目荣获二等奖，精准帮扶项目荣获三等奖。开展党

员积分考核，实现项目绩效。与建行张家港分行开展党建结对共建项目。

建立党建信息交流互动机制，提高党建工作信息化水平。扎实推进阳光党务村务。强化“党群议事制度”，扩大党内民主，推进党务公开，开展重大事项公开透明，落实民主选举、民主决策、民主评议和听证制度。密切党群、干群关系。实行党务、村务上墙，公开公平公正地为百姓服务。

三 特色与价值

根据现农委发〔2018〕34 号文件《常阴沙现代农业示范园区关于实施乡村振兴战略的意见》，常兴社区在园区党工委、管委会的正确领导下，咬定“社区可用财力确保 460 万”的目标任务，真抓实干，确保社区各项工作再上新台阶，为打造“苏南最高水平农业园”积蓄力量。其中，“田园党建”的探索和实践，能够有效地解决新形势下农村基层党建动力缺失的问题，为提升农村基层党建科学化水平积累了宝贵经验。

（一）稳中求进，拓宽致富路，围绕发展出动力

在当前农村，党领导的伟大事业就是推进乡村振兴战略，提出农村经济社会发展的主题，千方百计增加农民收入。只有把党的建设与农村发展这个中心任务结合起来，党组织才有吸引力和感召力，才能凝聚人心，带领农民群众积极投身于社会主义新农村建设。

为确保 2018 年可用财力超 460 万元的目标，常兴社区多形式、多渠道拓宽增收路子。

一是加强招商引资。完成 2500 平方米标准型厂房出租，稳定社区资产租赁收入；同时与澳洋农林协商完成了澳洋酒店的腾返工作，做好橘园土地流转工作，清理果树、整理土地，并出租给闲心公社，为园区发展旅游项目提供有利条件，增加收入。

二是加强合作社管理，加强社区土地股份合作社集体经营，油菜、小麦等作物管理，确保增产增效；做好粮食烘干合作社经营管理，2018 年预计烘干小麦 700 吨，增加了社区收入。

三是开创旅游致富。配合园区完成 90 亩芍药花搬迁工作，打造生态旅游亮点；以田园综合体、特色田园乡村项目建设为契机，寻找合作经营项目，引导农户开展农产品销售，促进社区增收，农民致富。

（二）倾听民声，提升幸福度，组织活力出动力

农村基层党组织是中国共产党组织体系的重要组成部分。提升农村基层党建工作，离不开农村基层党组织卓有成效的工作。富有活力的农村基层党组织具有强大的凝聚力、创造力和战斗力；能够为党员队伍素质的提高和先锋模范作用的发挥创造条件；能够担负宣传和执行党的路线、方针、政策的重要职责以及联系群众、向群众作宣传、组织群众和团结群众的重任。当前，最紧迫的任务就是要根据农村经济社会发展和产业结构调整的需要，优化组织设置，合理配置资源，确保组织高效良性运行。

一是强化惠农服务。按照“四个百万亩”的要求，稳定稻麦生产面积，做好园区小麦高产方创产；强化农机匠服务功能，实行水稻集中育秧服务，确保完成95%的水稻机插秧任务；精心组织农忙工作，顺利完成了2817亩小麦、300亩油菜的抢收任务。强化秸秆禁烧宣传工作，与返乡创业群体小组长签订责任书，落实责任范围。加强夜间值班巡查，确保100%秸秆还田，按照上级要求，完成休耕任务180亩。

二是提升社区宜居环境。2018年社区投入52万元，与今日物业签订保洁合同，进一步完善社区环境卫生管理模式，提高保洁水平；严格落实“河长制”工作，加强河道巡查，提高河道管理质量，配合园区完成创建长沙河、农场河市级示范河道的清障任务，共建洁美水环境。

三是推进实事工程建设。建造居民区生态护坡800米，新建跃进路机耕桥1座，新建机耕路3500平方米。抓好整治工作。组织社区网格员按时巡查，每日上报，突出事故隐患排查治理和事前预防，形成安全治理长效机制，筑牢消防安全“防火墙”。维护社会稳定。充分发挥社区网格员的作用，加强与百姓的沟通交流，及时调解各类纠纷，维护社区和谐。落实各项惠民服务。抓好对社区233名育龄妇女的B超检查工作，提高育龄妇女健康水平；组织794名退休人员免费健康体检。做好特困劳动力和就失业帮扶工作，组织宣传技能培训和创业培训，保障社区居民就业。

（三）整合资源，增添新亮点，活动创新出动力

创新农村基层党组织的内容和形式是提升农村基层党建科学化水平的

内在要求，也是农村基层党组织永葆生机活力的源泉。根据《中共中央关于加强和改进新形势下党的建设若干重大问题的决定》，党的基层组织要适应新形势新任务新要求，创新活动内容方式，找准开展活动、发挥作用的着力点，在扩大党员参与面、提高实效性上下功夫。因此，需要以改革创新的精神，围绕农村发展这个中心开展形式多样、内容丰富的主题实践活动，坚持党员的主体地位，激发他们参与党内事务管理的热情，为农村基层党组织和党员干部发挥作用提供有效平台。

一是精心种植 400 多亩油菜，并加强油菜生长期的生产管理，为成功举办常阴沙第六届油菜花节提供了有力的保障。二是配合园区完成 90 亩芍药花搬迁工作，为闲心公社项目提供用地条件，打造园区生态旅游亮点。三是配合园区做好特色田园乡村的项目设计工程预算工作，为园区乡村旅游发展提档升级。

农业建设方面，要加强水稻及农田作物的技术，完成 2700 亩水稻机插任务，做好高产示范方创建，强化秸秆禁烧工作，确保作物高产增收；精心组织合理谋划，做好土地调整工作，为社区经济创收提供保障；加强河道管理，做好汛期防灾预案，确保防灾减灾落到实处。

经济建设方面，加强区内企业的服务与管理，确保租金到账。及时与闲心公社签订土地和房屋租赁合同，增加租金收入，确保社区财力任务完成。做好社区烘干房及集体经营项目的生产管理。积极寻找投资项目，加大投入，增加收入。

社区创建工作方面，加快特色田园村庄建设项目实施进度，按照规划，加快推进各项工程开工建设；按照园区要求实施居民生活垃圾分类收集，按照园区农业生态旅游发展规划，积极配合园区做好闲心公社的投资建设服务工作；做好文明社区创建工作。

民生工作方面，提高社区环境卫生长效保洁质量，严格考核督察；积极开展 263 整治和 331 专项行动，严格标准，规范程序，及时整改；加强维修和维护居民区道路设施，提高生活质量；加强对弱势群体的帮助和慰问，关注特殊人群的意向，确保社区和谐稳定。

（四）严抓党建，挺纪强责任，队伍先进出动力

党的先进性最终要靠党员的先进性来体现。党员是党的活动主体，一

支始终走在时代发展前列、保持共产党员先进性的党员干部队伍是提升农村基层党建科学化水平的主导力量。在新的历史条件下，保持农村党员干部队伍的先进性，既要用科学的理论武装头脑，加强教育和培训，又要注重做好党员的服务工作，健全党内激励、关怀和帮扶机制，增强党员的荣誉感和责任感，建设高素质党员干部队伍，始终保持共产党员先进性本色是提升农村基层党建工作的内在动力。

对此，常兴社区党委推出了以下举措。一是狠抓党员干部队伍建设。严格执行三会一课、党员固定学习日、组织生活开放日等制度，坚持三严三实，增强党员教育。二是抓好基层党建项目。做好“农机匠”和精准扶贫党建服务项目，探索党员积分考核新模式，引导社区全体党员积极参与社区党建项目的活动，发挥党员先锋模范带头作用。三是协调各项工作顺利开展。统筹兼顾、分工合作好各条线工作，及时化解矛盾推诿问题，提高工作效率。

四 范例：常阴沙园区的“农机匠”项目

常阴沙园区“农机匠”项目于2016年1月启动，通过2年的努力和工作积累，取得了良好的工作成效和社会反响。

围绕“兴科富民”这个总体目标，进一步深化社区党建工作，强化服务意识，通过加强组织引领、培养年轻党员干部、购置新型农机、新建烘干房等配套设施、不断优化农机装备、规范农机作业标准、提升农机作业水平，不仅提高了农民的组织化程度，也提升了党建服务水平，增强党组织活动吸引力，推进了现代农业的快速发展。

（一）强责任，明目标，实施规范化管理

一是健全组织领导，成立常兴社区农机匠党建项目领导小组，党总支书记任组长，继续加强对党建项目的领导。二是确保责任落实，把农机匠党建工作列入年度工作计划，根据工作任务，制定并签署《党员干部责任承诺书》，严格对照责任书的标准层层落实。三是强化共建机制，联合园区机关、地域企业、社区合作社共担创建任务，共享社区资源，拓宽服务功能，最大限度地造福百姓。

（二）补短板，促提升，创新党建教育阵地

一是做好课堂阵地，充分发挥技术优势。定期对农机户进行专业培训，提高他们的专业技术水平。2018 年社区联合农副办开展农业知识讲座 6 次，农机展览 2 次，农机培训 5 次，受益人员 80 多名。二是建立农机平台，提升农户专业水平。充分利用社区网络平台为农户提供方便服务，2018 年社区成立了“常兴社区”微信公众号，通过 E 阳光平台发布各种农机信息，在网上村委上发送灾害预警、农事气象等信息，为农民群众提供及时、快捷的信息服务。三是制定工作制度，确保农机安全操作。年内开展 2 次“无牌无证”清理工作，实现车有牌、人有证，严查农机安全隐患。此外，2018 年还完成了农机 GPS 定位系统的安装，建立农机安全制度，实现了农机作业无事故发生。

（三）统全程，重落实，促进党员作用发挥

一是以农机推广项目为载体，引进先进适用的农机试验示范推广。通过宣传推广活动，调动农户购置先进农业机械的积极性。2018 年社区新购收割机 4 台，水稻育秧机 1 台，拖拉机 3 台。二是开展农机技术咨询服务，解答农民的疑难问题。社区成立农机技术党员服务队，深入田间，开展技术指导和咨询，帮助农民解决生产中遇到的问题和困难。三是推进农业设施现代化，加快现代农业新进程。社区联合园区水利站打造智能灌排监控系统，成立相应的管理运行专业化服务队，负责相关设备操作和维护，确保园区稻麦高产示范方有效灌溉和节本增产增效。社区 2018 年还联合常东社区投资 300 万元成立粮食烘干合作社，提高了抗御自然灾害的能力，为园区粮食生产提供有力保障。

（四）严监督，实举措，确保活动取得实效

社区加强督察考核，成立了由党总支书记为组长的督察小组，负责落实党员管理考核，完善考核制度，制定具体的考核评价办法和评定标准。将每个党员的岗位职责、履责等情况记录在案，充分利用民主评议和党员积分考核，促使党员自我加压，认真履责。定期开展组织生活会、谈心谈话等活动，不忘初心，发挥好党员的模范带头作用。

通过“农机匠”项目，实现了以下三方面的工作成效。

1. 增进党群关系

一是社区党员志愿者在解决群众农业问题中起到了积极作用。二是开展形式多样的农业知识科普活动，深受居民喜爱。三是党员自发学习农业知识，网上发送农事气象等信息，增强党建项目服务功能。四是社区党员自发维护相关的农业设施，增强抵御自然灾害的能力，密切了党群关系。

社区干部组织党员志愿者积极参与农机作业培训、指导，农机匠服务工作受到了社区广大农户的好评。

2. 强化服务功能

社区在继续深化党总支工作的基础上，打破了根据支部开展活动的陈旧做法，成立了“农技推广化，育插秧机械化，植保科学化，设备自动化”四化服务性党志愿小组，把社区公共服务直接送到群众家中，做到了政策惠民、服务便民，形成了农业生产社区配套服务的“一条龙服务链”。2018年在党员干部的带领下，完成小麦、水稻收割各3000余亩，油菜机械化收割400余亩；完成统防统治3000亩，帮助农户省工节本增效；成立粮食烘干合作社，共烘干小麦824吨，水稻2100余吨，烘干面积6000多亩。通过一系列惠农项目的实施，群众真正得到了看得见、摸得着的实惠。

3. 实现共同富裕

“农机匠”项目的实施，提高了社区农民和农业的组织化、规模化、专业化程度。同时，农机合作社作为一种平台和纽带，推进了社区的土地规模经营，提高了农村生产力。2018年农户水稻亩均产量提高5%，社区财力预计可增加10万元，实现粮食增产，农民致富，社区增收。

发展农机化，是建设现代农业的必然要求，常兴社区党总支继续总结经验，进一步围绕“农机匠—兴科富民”工作开展好各种活动，发挥好支部的战斗堡垒作用和党员的先锋模范作用。

五　总结与思考

常兴社区在推进城乡发展一体化进程中，扎实推进“田园党建”的探索和实践。按照要求，积极开展党员组织生活，做好党员积分考核；积极开展农机匠的党建活动，做好年度总结；做好社区党群服务中心的氛围布置。这些都有效解决了新形势下农村基层党建动力缺失的问题，为提升农村基层党建建设工作积累了宝贵经验。

在个案研究中，常兴社区的“田园党建”，主要是通过激发组织、队伍、载体、制度四大活力，广泛调动各基层党组织和广大党员“服务田园建设、争当发展先锋”的积极性和创造性，从而加快美丽乡村建设，推动乡村振兴，实现乡村社会又好又快发展的目的。对常兴社区党组织书记的问卷调研和个别访谈，能够获得更多丰富翔实资料的第一手资料，能够多层次多角度把握当前农村基层党组织建设的状况、问题和经验，从而使研究案例更有说服力。

综上所述，通过激发组织活力，能够增强农村基层党组织的凝聚力、战斗力和创造力；通过激发农村党员干部队伍活力，能够发挥“返乡创业群体领头雁”和先锋模范作用；通过激发载体活力，能够推进农村基层党建工作创新；通过激发制度活力，能够建立健全农村基层党组织建设的长效机制。围绕发展出动力、组织活力出动力、活动创新出动力、队伍先进出动力，使基层党组织纪律严明、步调一致，始终保持蓬勃的生机和活力，才能实现党建科学化的目标。

只有以改革创新的精神，围绕乡村振兴战略开展形式多样、内容丰富的主题实践活动，坚持党员的主体地位，充分调动广大党员干部的积极性和创造性；根据乡村经济社会发展和产业结构调整的需要，优化组织设置，合理配置资源，将党的建设同乡村振兴结合起来，才能凝聚人心，带领农民群众积极投身于“美丽乡村”建设。

第四节 “七彩党建”织造“美丽乡村”建设

党的十九大以来，习近平总书记从巩固党的执政地位的高度，反复强调从严管党治党，落实管党治党责任，强化基层基础，明确提出树立科学理念、积极改革创新、遵循客观规律、注重实际成效的党建工作总体思路，并对新形势下加强基层党建提出了许多富有创见的新思想新论断新观点新要求。如何加深对习近平总书记重要讲话精神的学习理解，并扎实有效地贯彻落实到实际工作中去，是各级党组织的重要责任。

2019 年，上海开展了“美丽乡村·先锋行动”活动，发动广大党组织和党员在支持农业农村规划落地、建设美丽乡村示范村和乡村振兴示范村、带头集中居住、参与农村人居环境整治等工作中做战斗堡垒、当先锋模范，健全完善返乡创业群体自治章程和村规民约，引导返乡创业群体积极参与“美丽乡村”建设。其中，“七彩党建”工作法的新鲜经验和生动案例，为打造“美丽上海”的乡村基层党建，掀开了实践创新的新篇章。尤其值得关注的是，2020 年自新冠肺炎疫情防控工作开展以来，上海认真贯彻市委、区委有关疫情防控要求，面向全区党组织和党员发出“带头积极响应，履行责任；带头迅速行动，配合排查；带头减少出行，拒绝扎堆；带头弘扬正气，正确引导”倡议，在疫情阻击战中以实际行动践行初心与使命，让党旗在疫情防控一线高高飘扬。

一　本源：“七彩党建”的“红色风景线”

（一）习近平总书记关于加强基层党建工作的重要论述

治国安邦，重在基层；管党治党，重在基础。习近平总书记指出，党的工作最坚实的力量支撑在基层，最突出的矛盾问题也在基层，必须把抓基层打基础作为长远之计和固本之举，努力使每个基层党组织成为坚强战斗堡垒。[①] 这些论述内涵丰富、思想深邃、博大精深，成为上海“七彩党建”工作法的科学指南和基本遵循。

1. 力量支撑：抓基层打基础的重要性

中国共产党是中国特色社会主义事业的领导核心。党的领导是我们战胜一切困难和风险的“定海神针”。基层党组织是整个党的组织支撑。我们党是由中央组织、地方组织和基层组织共同构成的，是一个严密而完整的组织体系。在这个体系中，基层组织是基本单元，处于最基础的地位。党通过各领域各单位的基层组织，把广大党员组织起来，成为一个有统一意志、统一目标、统一行动的整体。如果没有健全的党的基层组织和卓有成效的工作，党员就会成为散兵游勇，党就会成为一盘散沙，党的创造力凝聚力战斗力就会削弱，党的领导核心作用就会受到极大影响。

2. 矛盾问题：抓基层打基础的艰巨性

基层党组织处在改革开放和经济社会发展最前沿。推进改革发展稳定

① 张金豹：《基层党建新境界》，党建读物出版社，2015，第 23 页。

的大量任务在基层，推动党和国家各项政策落地的责任在基层，推进国家治理体系和治理能力现代化的基础性工作也在基层。基层党组织不可避免触及社会基层的各种矛盾和问题，有时涉及的矛盾问题非常具体尖锐。一方面，随着国内外形势发展变化，基层党组织面临许多新的矛盾、问题和挑战；另一方面，基层党组织自身也存在许多亟待解决的问题。

3. 长远之计：抓基层打基础的长期性

我们党是执政党，并且要长期执政、永续执政；新的形势下，党面临的“四大考验”是长期的复杂的，面临的“四种危险”是尖锐的严峻的；与国内外形势发展变化相比，党组织建设状况和党员干部素质水平都还有不小差距；实现中华民族伟大复兴中国梦是一个具有远大影响，需要长期努力持续奋斗的事业，所有这些，都决定了抓基层打基础的长期性，不可能一举而成、一蹴而就。凡事预则立，不预则废。没有长期抓经常抓的思想准备和措施，就不可能把抓基层打基础工作不断推向前进。

（二）上海高质量推进基层党建“七彩党建”成亮点

在 2019 年 5 月 23 日举行的全市抓党建促乡村振兴工作推进会上，上海市委副书记尹弘出席并讲话，市委常委、组织部部长于绍良作工作部署。[①]尹弘指出，要深入学习贯彻习近平总书记关于实施乡村振兴战略和加强农村基层党建工作的重要论述精神，进一步提高思想认识、明确形势任务，按照新时代党的建设总要求和党的组织路线，全面加强和高质量推进上海农村基层党的建设，为全面实施乡村振兴战略提供坚强的政治保证和组织保证。

为贯彻落实好新修订的《中国共产党农村基层组织工作条例》，结合 2019 年上海市乡村振兴重点任务具体部署，上海市在实施乡村振兴战略中将选派优秀干部支持薄弱村发展，加强市、区、乡镇（街道）三级联动，实现直接联系服务薄弱村全覆盖，为推动农村基层组织建设、培养锻炼年轻干部、直接联系服务农村基层和群众、促进农村改革发展稳定提供坚强

① 浦东新区区委组织部、上海基层党建网，http：//www. shjcdj. cn/djWeb/djweb/web/djweb/index/index！info. action？articleid = 8aafb7056ab17a8a016ae4fc9c14018c&catalogid = 8aafb7056ab17a8a016ae4929f760182。

的组织保证。

统计数据显示，截至2019年底，上海市共有9个涉农区、1572个建制村，其中有527个薄弱村，主要分布在浦东、金山、松江、青浦、奉贤、崇明等6个涉农区。因此，此次上海市、区两级将选派200名干部作为驻村指导员，并面向其余327个薄弱村选派挂村联系员，每名联系员联系1~3个薄弱村。

据介绍，首批驻村指导员6月上旬全部下派到位，为期1年半。驻村指导员将在乡镇（街道）党（工）委领导下开展工作，包括宣传贯彻中央、市委关于乡村振兴工作的方针政策和决策部署，指导农村基层组织建设，加强党建引领村级治理，推动村级集体经济发展壮大，发挥本单位优势，帮助解决返乡创业群体生产生活实际困难和具体问题等。

2019年，上海还在前三轮城乡党组织结对帮扶基础上，实施“结对百镇千村，助推乡村振兴”行动。全市共有2568个基层党组织与103个涉农镇党委、1505个建制村党组织进行“百镇千村”结对，涵盖机关、国企、高校、医院、“两新”等各个领域的基层党组织。自2006年开始，市委已连续12年开展三轮城乡党组织结对帮扶，帮扶资金累计超过5.5亿元，完成帮扶项目近4000个。

这一系列的党建“组合拳”，强调了上海农村基层党建的基础地位和功能作用，农村基层党组织要担负起乡村振兴的主体责任，广泛涉及和覆盖了“七彩党建”工作法的功能作用、总体思路、重点任务和科学方法：比如“绿色和谐”工程，要提升社会整合能力，大力培育农村新型经济组织、社会组织、自治组织和活动团队，使不同人群都能找到归属感；比如“蓝色经典”工程，要提升领导发展能力，主动对接国家和本市重大战略布局需求，科学谋划农村发展，打造具有比较优势的产业；比如“青色成长”工程，要提升乡村治理能力，通过党建引领，加快构建共治、自治、德治、法治“四治”融合的乡村治理体系。要增强集聚各类人才能力，从发展实际和事业需要出发，在精准、对路上下功夫，让人才与乡村振兴事业互为吸引、共同发展；比如“红色先锋”工程，要提升自身建设能力，把党的政治建设摆在首位，打造一支懂农业、爱农村、爱农民的基层党组织带头人队伍。

（三）打好“红色关爱牌”让党旗在“疫”战中飘扬

2020年之初，一场新冠肺炎疫情席卷中国大地。党中央高度重视，把人民群众的生命安全和身体健康放在第一位，把疫情防控工作作为当前最重要的工作来抓，展开了一场疫情防控的人民战争、总体战、阻击战。面对疫情，上海市打好“红色关爱牌”，让党旗在“疫”战中飘扬，充分发挥农村基层党建“防疫振兴两不误”的引领能量，筑牢疫情防控“安全网”，舞好振兴发展“指挥棒”，驰而不息地打好防疫振兴的主动仗、持久仗、关键仗，推动防疫发展两手抓、两不误，跑出乡村振兴复工的“加速度”。

1. 排兵布阵，打好疫情防控“主动仗”

疫情发生以来，上海农村基层党组织干群同心，守望相助，形成了“人人为我、我为人人”的防控疫情格局。“两委”班子主体责任“落实在一线”。党总支书记统揽全局，制作防疫作战图挂在村委会，实时更新村域内湖北籍人员基本情况、重点人群排查情况、外来人员来沪情况。班子成员分工协作，协调各方资源、实施道路封闭、统计人口数据、隔离返沪人员、安排志愿服务，保证村部各项工作忙而不乱、落实有序。党员群众践行宗旨“冲锋在一线”。疫情当前，党员群众踊跃报名、真诚奉献，积极参与到志愿服务中。志愿者24小时为一班，两班轮流，负责道口拦停、测温登记、人员摸排、分发口罩等，分流了一线工作人员的压力，携手扎牢了村域安全的底线。农时不等人，部分外来务农人员因为疫情无法返沪，志愿者撸起袖子、扑下身子，守好战斗堡垒“主阵地”的同时，牢牢抓好农业生产“副阵地”。

2. 厉兵秣马，打好振兴发展“关键仗”

疫情当前，上海农村基层党组织持续强化党建引领，坚持多元联动，探索共建共享乡村振兴战略新举措。打好结对共建“传统牌”。充分利用“心联鑫”区域化党建结对，共同推动各类服务和实事项目落地，实现资源共享、相互促进、共同发展。沟通制定15项资源共享清单，不断提升党建引领服务建设。打好品牌宣传“广告牌”。依托科技创新发展都市休闲农业，将旅游与农事、旅游与休闲有机结合，以旅游带动品牌宣传，助推农旅融合发展。签订《乡村振兴建设合作备忘录》，组建合作公司，通过招商投资平台引进社会资本参与乡村振兴。

3. 打好防疫发展“持久仗”

春暖花开、草木葱茏，在上海美丽乡村的田间地头，勤劳的人们争分夺秒，要把疫情耽误的时间抢回来，不误农时不误春。在促进乡村内外兼修中，上海市以美丽庭院创建为切入点，坚持老百姓的事自己想、自己干、自己管，构建“一委三会六平台”自治议事体系。农村基层党组织党总支充分发挥党员干部在推动乡村发展、服务群众、凝聚民心、促进和谐等方面的先锋模范作用，形成了党员跟着干部走，群众跟着党员行的良好风尚，有效构筑村级党组织—党员—返乡创业群体三方“共谋、共建、共管、共评、共享”社会治理格局，使党员和群众更加紧密地团结在一起，党群一心积极投身到建设美丽新农村的大潮中，全面助力乡村振兴。

二　实践：“七彩党建”的“上海风情”

据悉，“七彩党建工作法”包括“红色先锋工程”“橙色温情工程”“金色活力工程”“绿色和谐工程”“青色成长工程”“蓝色经典工程”“紫色魅力工程”。[①] 上海市坚持“党建强助推发展强”的工作理念，结合发展实际探索实践“七彩”党建工作法，充分调动党员服务企业发展的干事热情，乡村发展呈现重担有人挑、难题有人解的良性局面。“七彩党建”已经形成了特色品牌，通过挖掘上海乡村文化，将认识美、理解美、发现美、学习美、热爱美、创造美、传播美作为社会管理和党群工作的核心理念。

（一）“红色先锋”

“红色先锋工程”的核心理念是“强化政治引领”，主要指通过凝聚基层强大组织力量，打造乡村振兴战斗堡垒，发挥深刻的思想内涵和鲜明的问题指向，充分发挥内蕴的“红色”政治功能，增强基层党组织坚守党的阵地的战斗性。比如，作为全市首批乡村振兴示范村，奉贤区吴房村党总支坚持党建引领，全力推进示范村建设取得阶段性成效。一是强班子带队伍。夯实“堡垒工程”，着力打造一支坚强有力的班子队伍。村书记牵头抓总，带领“两委”班子成员履职践诺、干事创业；聚焦人岗匹配，优化调

① 郭献功：《新时期农村基层党组织建设》，中共中央党校出版社，2010，第36页。

整班子结构，认真带教区下派的年轻挂职干部，发挥班子整体合力；加强村后备干部培养使用、岗位实践及教育培训力度，储备积蓄村级后备力量。二是抓学习促落实。通过“三会一课”和考察学习，引导党员不断增强行动自觉。创建党建微信“为村平台”，推送最新“三农”政策，第一时间把村里的大小事务向返乡创业群体公开，引导返乡创业群体听党话、跟党走。三是做表率重引领。村党总支发挥主导作用，引导党员成为政策法规宣讲人、勤劳致富带头人、公益事业热心人、邻里纠纷化解人、社情民意知情人、乡村发展推进人。在党员带领下，返乡创业群体纷纷签约自家宅基地流转，有力助推示范村建设。

（二）“橙色温情”

“橙色温情工程”的核心理念是“服务攻坚克难”，主要是让党的工作网络与家门口服务体系深度融合，注重抓薄弱环节、强服务体系，一把钥匙开一把锁，知难而进、锲而不舍、逢山开路、遇水搭桥，着力解决组织设置上的薄弱环节。围绕市委乡村振兴“363”工程总体部署，闵行区委坚持党建引领，把握城市化进程中农村发展的特点，把组织振兴作为实现乡村振兴的重要抓手，为乡村振兴提供坚强组织保障。通过阵地建设、人员配置、服务功能三个方面的有机融合，切实深化党建工作机制与家门口服务体系的相互覆盖。在阵地建设方面，依托党建三级服务体系，切实发挥“家门口”服务总站示范引领、资源整合、统筹集成作用，打通“1（镇）+19（村）+100（服务点）”体系通路闭环，实现群众“就近办事、就近活动”；在人员配置方面，党委书记担任总站站长，村党支部书记兼任服务站站长，党员骨干作为服务点负责人，实现党的组织覆盖和工作覆盖，基本形成党员带群众、20%带80%的二八定律。

（三）“金色活力”

“金色活力工程”的核心理念是“创新组织体系”，主要是用党的先进性建设激发党员内生性活力，创新基层党建工作，健全党的基层组织体系，因地制宜、灵活多样地推进党组织的设置，探索构建城乡统筹的基层党建新格局。近年来，浦东新区书院镇党委努力拓展和放大区域化党建的功能和效应，深入开展“学习型、服务型、创新型、生产型、生态型”

党小组活动，普遍推行党员“设岗定责”工作。如在“美丽庭院”工作推进过程中，始终坚持党员挺在一线、发动一个、带动一片，助推美丽庭院“达标型”创建一次通过率达 100%。全镇 2753 名党员积极响应“五带头”号召（带头学习宣讲、带头义务劳动、带头清洁村宅、带头绿化美化、带头移风易俗），通过党员积分管理制度，将 13 个村 1615 名党员投身于“六大类”岗位行动（党员义务巡逻岗、环境卫生保洁岗、公共设施维护岗、特色文化传承岗、村级河道河长岗、村级道路路长岗），展现“组织有活力、党员起作用、群众得实惠”的生动实践，彰显党组织的战斗力、凝聚力和引领力。

（四）“绿色和谐”

“绿色和谐工程”的核心理念是“落实社会维稳”，让党旗飘扬在美丽庭院建设最前沿，坚持从巩固党的执政地位的大局看问题，把抓好党建作为最大的政绩，发挥各级党委的领导核心作用和基层党组织的战斗堡垒作用，维护社会和谐稳定。比如，在浦东新区书院镇，镇党委坚持党建引领，紧紧围绕乡村振兴总要求，着力打造有书院特色的“美丽家园”“绿色田园”“幸福乐园”。一是激发党员活力动力。落实“书记抓、抓书记，一抓到底，抓到党小组”工作机制，镇党委领导抓村书记、村书记抓党小组长、每个党员联系 1 个农户，把党的组织优势转化为创建美丽庭院的强大动力。开展“五型”创建活动，积极培育一批学习型、服务型、创新型、生产型、生态型党小组，激发党的基础细胞活力和党员队伍内生动力。二是发挥党员带头作用。开展“党员五带头”行动，带头学习宣讲、义务劳动、清洁村宅、绿化美化、移风易俗。按照义务巡逻岗、环境卫生岗、设施维护岗、文化传承岗、河道河长岗、道路路长岗等对 1615 名农村党员设岗定责，带动返乡创业群体投身美丽庭院建设。三是“四治”联动带动创建。村党组织通过“三会”“四议两公开”等方式，引导返乡创业群体做美丽庭院建设的决策者、监管者和评价者，提高返乡创业群体自己想、自己做、自己管的主动性和参与度。全镇 13 个村已全部一次性通过区级美丽庭院“达标型”验收，2019 年 6 月底前将完成“提升型”和“特色型”验收，着力打造一批有特色、有内涵、有前景的美丽乡村。

（五）“青色成长”

“青色成长工程”的核心理念是“完善制度机制”，是指强化农村基层党组织“发展推动力”，从根本上完善制度机制，坚持上下联动、标本兼治，树立科学的制度理念，用制度管权管事管人，用制度推动工作落实，使党建各项工作有章可循、有规可依。比如，围绕乡村振兴重点任务，金山区委努力突破区域、体制界限，借力借势市大口、国企、大型非公企业以及区内资源，构建开放式、多层次、扁平化、融合型的“心联鑫”区域化党建平台，形成结对帮扶、美丽乡村和阵地建设等三个重点项目，让农村党组织牵头抓总，推动重点任务落地见效，强化基层党组织推动发展能力。结对帮扶项目化。全面落实“结对百镇千村，助推乡村振兴”工作要求，实施“百企联百村共兴新农村”区域化党建制度建设，整合各类资源力量，下沉反哺支撑农村，32 家帮扶单位与 9 个涉农镇结对共建，236 家帮扶单位与 114 个建制村结对共建，实现镇村帮扶全覆盖。建立需求、资源和项目“三张清单”，确保结对帮扶工作落在项目、落到实处，助推农村地区发展。充分把握群众对“美丽乡村”建设的需求，发挥村党组织领导核心作用，确定规划路线、建设项目，发动群众积极参与，让建设项目透明公开接受群众监督，切实让“美丽乡村”成为群众向往的美好生活。目前，58 个村启动“美丽乡村”建设，36 个村完成建设任务。产业发展项目化。将组织振兴与产业振兴有机融合，探索农村基层党组织领导扶持壮大村集体经济的有效路径。在产业发展道路上，充分发挥农村党组织领导作用，抓统筹、抓项目、抓落实，因地制宜壮大集体经济，破解农村长效增收的难题。

（六）“蓝色经典”

“蓝色经典工程”的核心理念是“聚焦资源禀赋”，以党建引领为总抓手，根据自身资源禀赋和比较优势，将区域内具备“党建阵地功能作用发挥明显，乡村神态、形态和生态俱佳”特点的乡村振兴点位连点成线，形成集群。比如，奉贤区坚持把抓党建促乡村振兴作为当前一项重大政治任务，积极探索党建引领乡村振兴的有效途径，通过发挥党建工作的集聚效应，搭建平台、整合资源，打造一批党建引领乡村振兴示范线，开辟党性教育新格局，提升乡村振兴“显示度”。积极探索国际化大都市背景下的乡村振兴之路，吴房村、新强村、关港村、渔沥村、六墩村等乡村振兴示范村建设紧锣密鼓，大叶公路、南庄路沿线乡村振兴示范线建设有序推进，农艺公园、大地公园和“三园一总部”集群有了一定规模，全区乡村振兴的空间格局日益完善。为了进一步展示成果、放大亮点，提升乡村振兴的“显示度”，奉贤区坚持以“牵一发而动全身”“一子落而全盘活”的思维谋划抓党建促乡村振兴。以区统筹、镇运作、社会参与、乡村主导相结合的模式，着力发挥党建的集聚效应，以“三个一百”工程、“红色村居·和美家园”主题创建成果为基础，推进党建引领乡村振兴示范线工作。

（七）“紫色魅力”

“紫色魅力工程”的核心理念是“打造明星样板”，主要以推进美丽乡村高品质建设为抓手，坚持党建引领、规划先行，在优化生态肌理、谋划产业发展、传承历史文脉、体现村庄功能间寻求最佳契合点，努力打造上海美丽乡村建设的“明星样板”。比如，奉贤区金汇镇明星村为深入贯彻落实党的十九大精神，实施乡村振兴战略，做好新时代“三农”工作，紧抓卓越全球城市建设新机遇，紧跟上海打造“四大品牌”步伐，以满足返乡创业群体日益增长的美好生活需要为主线。以“水林明星”为美丽内涵，以水系及林地为生态特色，形成森林花园式村庄风貌。蜿蜒的河道缠绕在林地各处，小桥流水构建出如诗如画的旖旎江南。村宅构建开放多元、协调有序的建筑风貌，融合人文与生态的建筑设计，兼具古典与现代的建筑美学，重点打造新中式、现代徽派、江南园林和欧式建筑等风貌区，秉持“一草一木都是美丽，一砖一瓦都是艺术”的理念，鼓励返乡创业群体依托现有资源，形成“花样风景线”，提炼原生态乡村韵味。

三　案例：浦东新区书院镇的“田园党建”

在上海基层的“七彩党建”案例中，浦东新区书院镇的“田园党建”颇具特色。书院镇是浦东新区东临大海的特色农业镇，镇域面积 54 平方公里，拥有农田 3.58 万亩，农民 2.3 万名，党员 2753 名。近年来，书院镇党委围绕乡村振兴的总要求，坚持以党建引领打造有书院特色的“美丽家园”“绿色田园”“幸福乐园”，按照上海乡村振兴规划要求，在浦东新区区委的坚强领导下，聚焦“三园”建设，抓好党建助力乡村振兴，着力打造“组织强、产业兴、村庄美、农民富”的新书院。

书院镇党委坚持“党建带产业、产业促党建”的总体思路，围绕打造新时代美丽乡村，创造新时代美好生活，全面加强农业行业党建，努力实现“党建强、发展强”“支部有活力、党员有作用”的“双强双有”工作目标，让农业成为有奔头的产业，让农民成为有吸引力的职业，让农村成为安居乐业的美丽家园。

（一）着眼“美丽家园”，让党旗飘扬在美丽庭院建设最前沿

20 世纪 90 年代，塘北村农户开始种植西甜瓜，规模小、品质参差不齐，造成销路不畅、增收步伐缓慢。为此，1996 年村党总支创建村级集体小农场，由党员干部带领周边返乡创业群体种植，2007 年，小农场改制为上海田博瓜果合作社，合作社通过示范、培训、指导，使其成为推广新科技、带领返乡创业群体致富的示范基地。如今，“支部+合作社+农户”这一全市首家农村党建工作品牌，已成为带动周边 1000 多农户、年销售 3000 多万元的致富品牌，真正将党建引领和农民致富紧紧连在一根“瓜藤上”。

（二）着眼“绿色田园”，发挥党建引领农村产业发展作用

一是推进农业行业党建。深化“支部+合作社+农户”田博合作社党建，成立农业行业党支部和工青妇群团组织，把全镇农业龙头企业、农业合作社、家庭农场和书院人家等乡村旅游企业组织起来，把党组织建在产业链、让党员聚在产业链、使群众富在产业链，用更精准的党建服务引领小农户对接大市场。

在农业产业链上设立功能性党组织——书院镇农业行业联合会党支部（简称“农联会党支部”），为铸就“组织强、产业兴、村庄美、农民富”的新书院打造了红色“新动力”。农联会党支部的成立，是书院镇党委深化“支部+合作社+农户”党建模式的组织创新，着眼补齐农业产业地域局限、资源分散、技术割立等瓶颈短板，通过“镇党委—合作联社党支部—涉农行业党员”的“1+1+X”新体系，构筑南北贯通、纵横联动的红色凝聚带和绿色发展带，形成党建引领、行业覆盖、区域统筹、合作共赢的行业党建新格局，推动“产销购旅”融合发展。

农联会党支部承担农业枢纽、行业整合、专业链接、产业辐射的主要职能，由镇农投公司总经理、农民专业合作社联合会社长担任书记，下设1名副书记、3名委员，覆盖全镇农业行业内的各家企业、区域化成员单位、家庭农场和农业行业党员1609名。

二是提升村党组织的组织力。全面实施组织力提升工程，开展支部建设年活动，把村党组织建设成为引领乡村振兴的坚强堡垒。实施村返乡创业群体领头雁能力素质提升三年行动计划，年内轮训50名农村党员致富能手和500名农业种植能手，激发党员发挥示范带头和引领推动作用。强化党对村级经济发展的领导，引导财力投资项目到村集体合作社，鼓励各村发展壮大集体经济。

三是深化党组织结对帮扶。在“结对百镇千村，助推乡村振兴”行动中，推广市绿化市容局与洋溢村的“造血帮扶”模式，充分发挥53家区域化党建会员单位、19家结对帮扶企业和“村村结对”优势，通过引资引智、借势借力，做大做强8424西瓜、马兰头等特色农业项目，加快推进鲜花苗圃、奇异莓等“一村一品”农业项目建设，为农民持续增收注入新动能。

（三）着眼“幸福乐园”，深化“橙色温情”服务体系建设

一是全方位打造15分钟服务圈。依托三级党建服务体系，发挥服务总站示范引领、资源整合、统筹集成作用，整合党员微家、妇女微家、睦邻点等服务资源，推动15分钟服务圈功能复合，为返乡创业群体提供就近、完善的公共服务。

具体而言，按照新区关于推进“15分钟生活圈”部署要求，书院镇党委以体系建设为支撑，聚焦家门口服务功能精准匹配，通过凝聚共识、积聚力量、汇聚资源，深入推进“家门口”服务向纵深处发展、向神经末梢延伸，推动“15分钟生活圈”与“党建工作圈”“家门口服务圈”有机融合、互为促进，有效回应群众对美好生活的向往，全面提升书院群众幸福感、获得感、安全感。

二是做实清单管理，体现服务针对性。定期梳理“三张清单”，由党组织牵头，通过“线上+线下、座谈+走访”、家门口服务点需求提取等方式。以大调研为抓手，深入基层第一线，而家门口服务点已然成为常态化需求征集点，通过意见需求征集簿，收集问题、反馈问题、解决问题；通过对

“三个清单”实现动态化管理，实现“需求在点上提取，反馈在点上落实，服务在点上开展”。通过点上的需求清单，已梳理出“农民建房、用工登记、老年人护工申请”等常用办事指南 26 项，组建党员志愿者队伍 800 多人，日均帮办代办受理量逐月上升，呈现“三增三减”趋势，即社区事务办理量、卫生服务受理量、联勤联动处理量均实现镇级减少、村级增加。

坚持党建覆盖，把政治引领落到家门口。镇党委以布点、划片、联网为基础，编织零距离、广覆盖的阵地网络，根据乡村实际，侧重发挥“以点带面、由点及面”的微阵地作用，推动党的工作延伸到群众家门口，将教育引领、管理调度、凝聚服务、推动治理和事项办理“4+1”功能落到距离群众最近的生活圈。

三是高质量完成服务体系提质增能。按照办公空间趋零化、服务空间最大化、服务项目标准化、服务标识统一化的“四化”理念和党建服务站、市民事项受理站、联勤联动站、文化服务站和卫生室的“四站一室”建设要求，以最高标准、最严要求，实现服务标准再升级、群众满意度再提高。

例如，在第一批建成的服务点中，塘北村第五党小组党建服务点率先开展党小组三会、主题党日等活动，不仅有青年微党课、老党员烽火往事宣讲等总站配送课程，更有党员群众自治项目，形成上下互补的活动项目，为周边的群众提供了有力的组织服务，进一步激发党员的先锋模范作用。同时挖掘本土红色资源，打造英烈“李雪舟故居”、书院人家、老年大学等红色点位，将红色文化与乡贤文化、人文文化相结合，实现教育引领在家门口。通过党员就近参加学习、就近开展活动、就近发挥作用，将党委主张、决策和声音直接传达给每位党员，凝聚起党员的先锋力量。

四是加强智能化信息系统支撑。依托“浦东 i 党建”“家门口”服务、城运信息系统“三屏合一”融合联动，通过电视屏、手机屏等末端途径，推进信息系统全面覆盖每个“家门口”服务中心、服务站和每个党支部、每名党员，实现信息汇聚、上下联动、左右贯通，促进各级各类资源在“15 分钟生活圈”高效对接。围绕家庭农场、合作社服务点等农业检测点，试点探索“智慧村庄”模式，推进村级对外服务与信息发布平台，依托基础网络、智慧旅游、智慧农业、管理服务、智慧治理等“五大工程”，促进信息化、智能化覆盖“15 分钟生活圈”，通过“移动端”“指尖上”，方便群众反映情况和问题。

四 小结

当前，党的发展建设面临的诸多新情况与新问题，迫切需要集全党之智，在实践中寻找答案，寻求破解之法，以葆党的生机与活力。综观党的建设发展史，众多党建理论的形成均源于基层的创新实践。实践的创新是最勇敢的创新，也是最可靠的创新。上海农村基层党组织的“七彩党建”，围绕党的组织建设、基层党内民主、党员的教育与管理等方面，以改革精神推动着基层党建实践的创新，把基层党建工作引向了深处、细处，堪称开创了基层党建理论和实践的新境界。

丰富多彩、鲜亮生动的“七彩党建”，它的生命力所在即做好“人”的工作。梁漱溟先生总结自己主持的乡村建设运动之所以失败，是因为外部知识分子进行广泛动员而农民不动，缺乏内生动力。可见，做好“人”的工作关乎全局，也是农村基层党建工作的生命力。

做好“人”的工作，必须坚持“七彩党建”中“以人民为中心”的发展理念。一方面，“红色先锋”“橙色温情”“金色活力”“绿色和谐”工程显示了党组织自上而下的动员，大批党员及在其辐射下的社会成员，最大限度地将社会中的先进分子纳入党组织。另一方面，“青色成长”“蓝色经典”“紫色魅力”工程也显示大量受中国共产党领导的群众组织倚靠力量，通过组织实现最大限度的动员，调动群众参与公共事务的积极性，实现农村社会真正的现代化。从这个意义上来说，上海的“七彩党建”工作实践，是农村改革实践中的新事物、新创造，是“大胆地试，大胆地闯”，需要在理论的总结和升华中加以推广。

第六章　个案：返乡创业群体启示录

第一节　沭阳三类返乡创业群体的启示和思考

一　引言——返乡创业群体成为一种社会现象

党的十九大报告指出："实施乡村振兴战略，农业农村农民问题是关系国计民生的根本性问题。"[①] 何谓返乡创业群体，最早是在2016年"两会"期间由著名经济学家厉以宁提出，他说，返乡创业群体就是近年从农村出去打工的群体，纷纷回来创业，这个变化相当大。中国人力资本革命正在开始。

国务院公布的数据显示，近年来我国农民工返乡创业人数累计达到450万，还有约130万居住在城镇的科技人员、中高等院校毕业生等下乡创业。同"农民工""北漂族"等特定群体的概念界定一样，返乡创业群体是一个新群体。

在希望的田野上，返乡创业群体奋力前行，书写令人惊叹的人生故事。此案例调研强调挖掘返乡创业群体自身发展的潜力，注重返乡创业群体在基层的发力作用，以重振乡村经济活力、提升返乡创业群体生存和发展状态，回归"乡村自身主体性"的合理定位。

二　调研过程和调研发现

笔者于2017年6~7月多次赴T镇调研，通过对乡镇干部、村委干部、大学生村官、明星企业负责人等20余人的深度访谈，集中关注了返乡创业

---

① 《习近平谈治国理政》第3卷，外文出版社，2020，第25页。

群体在乡村重建中的功能和价值，对返乡创业群体的概念界定、发展机制和生存现状进行了考察。

返乡创业群体的数量庞大，情况复杂，似乎没有办法用一种统一的标准对他们进行归类。T 镇也不例外。T 镇位于江苏省宿迁市沭阳东北部，镇域面积 55 平方公里，辖 12 个行政村，人口 4.3 万人。滩涂养殖已成为该镇畜牧业发展的新的增长点，而该镇也是远近闻名的“印刷之乡”。

根据 T 镇流动人口管理中心统计，T 镇现有劳动力 1 万多人，80%外出务工，主要流出到上海、苏州等地。根据对 T 镇 10 多名返乡创业群体的访谈调查，大概选定了三类返乡创业群体作为三种类型的“返乡创业群体面向”——经济挂帅型、政治稳压型和知识精英型。

①经济挂帅型返乡创业群体：T 镇小麦种植大户 H 君，在外经商 20 多年，T 镇生态农业专业合作社的负责人。

②政治稳压型返乡创业群体：S 村返乡创业群体村支书 Z 君，2008～2013 年在广州、南京、苏州等地创业，拥有 20 多年的村务工作经验，在当地返乡创业群体中享有崇高的个人威望。

③知识精英型返乡创业群体：T 镇大学生村官 Y 君，现任宿迁市沭阳县 T 镇 O 村村委会主任，2013 年省聘大学生村官。

（一）经济挂帅型返乡创业群体

在农村实行经济体制改革以后，随着姻亲和家族进入差序格局，经济利益也正在成为决定关系亲疏的最大砝码，原本紧紧地以血缘关系（宗族关系）为核心的差序格局正在变得多元化、理性化。这一点，在“经济型返乡创业群体”的创业历程中显得尤其突出。乘着改革开放的春风，种田好手 H 君走上经商之路，从开食品店，到销售建材，再到成为种植大户，生意越做越大，但他心中的种粮梦从未消失过。

2009 年，在外经商 20 多年的 H 君毅然返回家乡。在家人的不解和返乡创业群体的怀疑中，他一步一个脚印。“初中毕业后，我受公社委派到城里学习小麦育种技术。两年的学习让我这一生和小麦结下不解之缘。”56 岁的 H 君两鬓微白，回想起当年的育种经历，脸上露出开心的笑容。

1983 年分田到户后，H 君成为家里种田的主力，公社的学习经历让他对种子非常在意，种子好才有好收成，他家小麦的产量一直是全村最高的。

后来，他到汤涧县城开食品店，生意非常好，但他放不下家里的麦田，直到 20 世纪 90 年代初到南京经营建材生意，才真正告别种田。

从销售建材到销售手机，H 君的生意越做越大，但种粮梦一直藏在心中。随着大量劳动力外出，汤涧务农老龄化、农村空心化日趋严重，21 世纪的前 10 年，出现了农田抛荒现象。

“有个村庄有 360 亩麦田，只有不到一半在种植。”H 君说，每次回家看望父母，看到农田被撂荒，心里就不是滋味，“我们这一辈的庄稼人对田地是看得很重的”。

不忍心看到良田被撂荒的农民情怀，以及对现代农业迎来战略机遇期的商业敏感，让 H 君决定返乡二次创业。

“这么有钱的人怎么会种田？肯定是为了套国家补贴，套到钱后就拍拍屁股走人呗。”

不仅返乡创业群体这样怀疑，家人也不理解。在 H 君努力劝说返乡创业群体把田流转给他时，他爱人却做反面工作，到处说 H 君种不好田。H 君准备了几十万元土地流转资金，一分钱也发不下去。

那时 T 镇年土地流转金每亩最高仅 170 元，H 君提高到 200 元，而且好坏都要，并承诺保持土地肥力。他的真诚打动了返乡创业群体，第一年流转了 4900 亩。目前，他的公司已经成为集小麦种植、收割、烘干、加工及销售为一体的综合性现代农企。

返乡人员凭借资金、信息、技术优势，在种植养殖的基础上，扩展到农副产品深加工业、现代服务业等多种产业。可见，这有助于延长农业产业链条，推动构建现代农业产业体系，拓展农村经济和产业发展空间。

H 君这个“田保姆”的贴心服务受到其他种粮大户的欢迎。李先生种了 80 多亩田，规模说大不大，说小不小，以前自己去买种子、农药、化肥，价格没有多少优惠。“我比较了一下，还是托管划算！”可见，农民眼见为实，H 君的托管服务，让农民看到种植三五十亩地也能获得比较体面的收入，种田积极性自然会大大提高。

H 君说，这种模式不仅破解了“谁来种田”难题，还推广了良种，规范化肥和农药的施放，可以保障食品安全。

此外，H 君的小麦生产还注重生态理念、品质升级，这样的返乡创业群体理念有助于促进农业供给侧改革。传统农业注重产量，往往忽视对质量的关注，大量使用农药、化肥，过度开发土地，而H君在创业过程中特别注重对绿色、生态的重视，以及由此带来更大收益，已经深深注入他们的发展理念。

（二）政治稳压型返乡创业群体

S村位于“花木之城”沭阳县T镇，传统产业以纺织、建筑、印刷为主。由于人多地少，村庄内部土地纠纷等冲突矛盾，因此经济发展相对滞后，政治基础薄弱，既没有良好的经济基础条件，也不是政府重点打造的明星村。截至2017年7月，登记在册的T镇低收入户为1776户。

S村也是问题成堆：村里集体经济空壳化，碾米厂、发电厂等村办企业先后倒闭，村集体收入无来源、干部报酬无着落、公益事业靠摊派，返乡创业群体怨声载道，人心涣散；村里治安接近失控，一度活跃多个帮派组织，他们欺行霸市、横行乡里，处处讲江湖规矩，谁的拳头硬，说话就算数。过去的村庄，原本应该有一种对付地痞的机制。返乡创业群体之间通过相互联系，一致行动起来。然而，S村因为缺乏一个强有力的领导核心，缺乏为获得共同安全所需要的一致行动能力。

S村情况的复杂性，还在于它的政治生态中的“派系”色彩。根据我们对S村历史的访谈调查，在2000年建村之前，村庄没有什么派性，村班子团结稳定。2000年以后，镇里在理由不充分的前提下，在村中拥有一定威望的李支书被撤换下来，让李支书一手提拔起来的赵主任当了村支书。被撤换的李支书对赵不满，加上其他利益群体对他的支持，他就抓住机会拆赵的台。村中的税费收不上去，村里的公共工程也修建不起来。

可见，派系斗争不是无缘无故的，斗争双方要有收益空间。围绕村庄选举产生的派性，同样需要收益空间。村集体掌握的资源越多，再分配村集体资源的机会就越多，数额就越大，形成派系的可能性就会越大。村集体不掌握资源，就失去了再分配集体资源的机会，也就没有关心个人收益的村庄精英来掺和村里的事情，村庄的派系斗争也就无从谈起。

对于这个看似缺乏发展潜力、建设前景薄弱的村庄，Z君显得雄心勃勃。他拥有20多年的村务工作经验，在村中拥有比较崇高的个人威望，能够在村庄各类资源的再分配中占据权威。作为一名成功的返乡创业群体，Z君曾经在广州、苏州和南京等地自主创业，迄今创建的“贝艾林”家具品牌拥有整体定制家具连锁机构。

Z君在整理了与赵李的关系以后，首先确保村里的派系斗争偃旗息鼓。他发现S村脱贫最迫切的问题是缺乏资金与项目产业支持。对此，他领导返乡创业群体积极参与“项目扶贫”，依靠项目获取村庄建设资金。2016年，村中获得60万元扶贫资金，兴建10间门面商铺招租已投入使用；4~5万元的亮化工程也已经投入使用。而投入8万元建设的抽水站也已经发挥功效。这些项目的获得，除了上级政府提供信息和组织论证外，与他本人的权力支持以及带动力和号召力有关。此外，以他为核心的领导班子积极探索增加村集体收入来源，新创办的企业包括砖厂、面粉厂和太阳能路灯厂，以间接增加农户收入，带动返乡创业群体就业40~50人，帮助返乡创业群体实现了可持续增收。就这样，村集体经济收入逐年增加，到2016年已超过400万元。返乡创业群体增收路子也越来越宽，人均纯收入比2005年增加3倍多。

在解决村子的派系斗争方面，S村在2个自然村的基础上合并而重建，每个自然村都有返乡创业群体村支书、村主任及其若干返乡创业群体委员，因此2000年建村之初，整个村两委都处于各自为政的状态。在最近的一次村委会换届选举中，S村共选出党委、村干部共9人，还成立了基层党组织。为了规范村干部行为和权力的运作，S村建立了一整套健全的组织制度，包括党员议事会制度、民主生活会制度、一事一议制度、干部岗位责任制度，制定了完善的村务、财务、党务公开监督制度，确保决策的民主、科学、合理，有效地维护了返乡创业群体的知情权和参与权。

（三）知识精英型返乡创业群体

当前中国农村巨变最为根本的方面，是社会基础结构得以维系的价值的巨变。也就是说，在世纪之交，中国农村发生了一场以农民关于人生意义定义的变化为基础的价值之变。不理解农民价值的变化，就不能理解当前农村巨变的实质。

2013年7月被分配到T镇担任L村村党支部副书记开始，大学生村官Y君开始逐步接触农村的工作。L村离镇区有10多里的路程，临近章集，是离镇政府最远最偏的一个村，而且是有三个小村合成的一个行政村，地广人多，遗留矛盾也较多。Y君的工作包括以下几个方面。

1. 做好村情民意调研员

任职一年来，经常不定期地深入村组，到返乡创业群体家里走访。与他们拉家常，了解其生产生活状况、孩子学习情况和需要解决的困难，与老党员老干部沟通，多听他们的建议，然后整理成笔记汇总，并及时向组织和镇党委政府汇报他们的最新思想动态。

2. 做好法律政策宣传员

积极宣传党的路线方针政策和国家法律法规，开展新型农村合作医疗制度的宣传，建立新型农村合作医疗制度，解决农民看病难的问题，对于提高农民健康，缓解农民因病致贫、因病返贫，统筹城乡发展，实现全面建设小康社会目标具有重要作用。刚开始返乡创业群体不是很了解，参与度不是很高，甚至有抵触的现象，于是进行了大力宣传，用一些浅显的话语把参加新型农村合作医疗的好处一一向返乡创业群体解释。在细心的讲解下，返乡创业群体知道了好处，很愿意也很乐意参加新型农村合作医疗。在镇里下达的目标中，返乡创业群体总是比较率先完成任务。开展秸秆禁烧工作，会下村向返乡创业群体宣传焚烧秸秆的危害，以及如何利用秸秆，引导返乡创业群体利用好资源和保护环境。

3. 做好远程教育管理员

负责远程教育工作，搜集一些致富创业的信息，来满足返乡创业群体摆脱贫困想致富的愿望。上网查找一些招工信息，与招工企业联系，帮助本村清闲在家的剩余劳动力就业 26 人，搜集下载一些励志讲座、企业管理讲座、人生规划讲座，不定期向返乡创业群体村干部播放收看 6 次。积极培训村干部，教他们使用电脑，利用高科技新技术来带领返乡创业群体共同致富。

4. 创业

Y 君与同届村干部董某在 2014 年 5 月创办了沭阳邦源物流有限公司，本公司现有半挂车辆 3 辆，租赁半挂车辆 5 辆，带动货车司机 20 名，专职会计人员 2 名，后勤人员 1 名就业，人均月收入在 4000 元左右。车辆运输往返于山东淄博到苏锡常一带，预计全年主营业务超过 500 万元。

2016 年起 Y 君开始担任 T 镇 O 村村主任一职。2016 年的主要工作是土地确权工作，包括解决“4 里地”矛盾，通过入户走访、协调矛盾过程。由于工作业绩突出，2017 年 4 月，Y 君被沭阳县委组织部评为“2016 年度大学生村干部年度之星”。

在和Y君的访谈中，他一直在强调一个词“归属感”。在他的一些同学看来，Y君的家庭经济状况很好，完全可以留在大城市工作，为什么他会选择回到农村呢？Y君认为，他就是这个村走出的大学生，虽然可能在村庄以外获得经济收入，但一定要在村庄内获得人生价值。他说：“名声很重要。将来讲起来，谁的爸爸如何如何。干得好，别人留念说你爸爸好。”

对于乡村的价值认同，Y君在访谈中讲述了三个方面的价值之变，以构建自己的“归属感”。

第一，村干部工作要注重“实践”价值。除了理论知识培训，村干部还要多走出去考察学习，以拓宽视野、增强见识，特别是要到新农村建设成效明显的地方去，学习别人先进的工作方法，以及村级项目的规划管理和实施等内容。他提到自己曾经在县乡综治维稳工作中心跟班学习，实地观摩和参与矛盾调处过程，有助于在提升解决实际问题能力的同时，更加深入了解农民疾苦，增强同人民群众的深厚感情。此外，大学生村官还应加强自我培训，主动练习能直接应用于农村生产生活的实用技术。

第二，团队建设有助于实现共同价值。Y君认为，组建各种专业服务队无疑是大学生村官开展农村工作的切入点和突破口，这不仅有利于“新村官”更好更快地融入农村生活，适应农村工作环境，在合作、交流过程中还可以起到取长补短、共同进步的作用。“我们每一个大学生村官自身的力量是薄弱的，但当组成一个集体时就可以完成个人难以完成的任务，形成较大的影响力。”比如，他们3个一起到汤涧工作的村干部组成农村服务队，帮助困难农户抢种抢收，解决其生活中的实际困难；组成教育服务队，利用寒暑假对农村中小学生进行课业辅导；组成公益事业服务队，配合有关部门进行宣传、服务，为本地公益事业做贡献；等等。

第三，实现经济价值的首要途径是创业。虽然自己的创业过程比较顺利，但是Y君还是认为自己需要接受更多创业技能、创业风险、相关法律法规等方面的培训和教育，以更好地了解当地实情，深入调查市场行情，先摸清情况，再投资创业。特别是在学习中央及各地扶持其创业的相关政策，大学生村官应该多多邀请成功农民企业家为其传授经验，分享经历，增强富民强村的责任感，避免创业的短期性。同时，相关职能部门要对大学生村官申报的创业项目进行严格审批，宁缺毋滥，杜绝“人人上项目，求量不求质”的现象出现，切实提高创业成功率。

三　返乡创业群体现象的理论解读

返乡创业群体已被国家寄予厚望。2016 年 12 月 1 日，国务院发布《关于支持返乡下乡人员创业创新促进农村一二三产业融合发展的意见》，对于促进返乡创业群体在农村开展“大众创业、万众创新”，为农业农村经济发展增添新的动能和活力，具有重要意义。

随着近年劳动密集型产业梯度转移的趋势日益凸显，以及农村城镇化的快速发展，这群农民工开始返乡创业，成为一支推动劳务输出地快速工业化、城镇化、现代化的重要力量。国家统计局数据显示，2010 年开始，中国外出农民工总量增速持续回落，2011 年、2012 年、2013 年和 2014 年外出农民工人数增速分别比上年回落 2.1、0.4、1.3 和 0.4 个百分点。与之形成对比的是，人社部对 10 省 500 个行政村农村劳动力转移就业监测数据显示，2015 年上半年自主创业人数同比增长 3.1%，截至 2016 年 12 月，全国返乡创业的农民工已达 200 万人左右。

通过对 T 镇 12 名返乡创业群体的系列访谈，我们可以总结“返乡创业群体”出现的原因包括。

第一，“返乡创业群体”的形成过程遵循人口流动中的推拉原则。系统的人口理论——“推拉理论”需要在新的历史条件下被重新解读。在巴格内（D. J. Bagne）的“推拉理论”中，人口流动的目的是改善生活条件，流入地的那些有利于改善生活条件的因素就成为拉力，而流出地的不利的生活条件就是推力。人口流动就由这两股力量前拉后推所决定。

从“推拉理论”在中国城乡关系的应用来看，人口由城市回流到乡村，属于“推”的因素有：城市就业机会和上升空间有限、城市生存状态不佳、缺乏更好的发展机会、对在城市从事农民工的职业不满意、城市生活压力过重、城市学习压力大、受教育机会少、城市人的“排外思想”、思想不解放；属于“拉”的因素有：乡村的发展赋予了返乡创业群体更多就业机会、很多人都回来了、受国家政策鼓励支持、回家多生孩子、想家了、叶落归根。

通过在 T 镇访问的几个典型返乡创业群体，可见推力和拉力对劳动力转移的影响是一致的，对他们的影响程度也差不多。这些影响劳动力转移的推和拉的因素恰恰是我们建立模型所要解决的问题。要促进城乡资源的更有效配置，使劳动力更快地转移，必须调整影响其转移的因素，而转移劳动力的最终目的，又是要消除这些因素，进而增加农民收入，让农民的生活好起来。所以说，模型中，推力和拉力是逐渐变小的，进一步，也就是说我们如果想要促使农村富余劳动力更快地转移，通过调整推力和拉力所起的作用非常有限。

第二，返乡创业群体的产生是经济资源自下而上流动的体现。如果对农村的印象还停留在凋敝、落后的记忆里，那是还没有走进返乡创业这个充满活力的群体。返乡创业群体们在其引领“归雁经济”时至少充当三个角色：产销对接的链接者、现代农业的拓荒者、产业转移的承接者。

返乡创业群体相对于普通返乡创业群体而言经济收入更高，因此他们与返乡创业群体的融合在乡村建设中就是至关重要的一点。为了吸引更多返乡创业群体，某些村子专门建设了门面房增强创收能力，并且鼓励返乡创业群体更好地带动返乡创业群体致富，加强邻里往来，相互联系。创新精神是推动地区经济发展的主要动力之一，由于返乡创业群体的到来，过去汤涧村地域闭塞、农民市场观念淡薄，缺乏创新和冒险精神等诸多因素得到了改变。

具体说来，“返乡创业群体”创办的企业能够呈现如下几种推动功能：一是通过组织、优化配置资金、劳动力、技术等各种生产要素，作为镇明星企业发挥更大效应，创造更多的就业机会和社会财富，同时实现返乡创业群体本人的致富梦，以及提高返乡创业群体的整体收入；二是开拓市场，有效利用市场经济环境滋生的科学能力，科学分析市场结构，了解造纸业的市场定位和行情，适时占领市场发展的制高点，不断引导、刺激市场需求，繁荣乡镇的商品交易市场；三是推动乡村产业结构的调整，以创新精神整合乡村资源，拓展乡村经济和产业发展空间，在生产、消费和流通领域全方位带动乡村区域经济的快速发展。

第三，返乡创业群体的影响力需要“嵌入”相关的社会和文化纽带进行综合分析。乡村重建需要返乡创业群体的力量，而返乡创业群体带动的新产业也需要传统经济活动的纽带来维系。在 T 镇，传统的自给自足经济依然常见，它对乡村经济和文化的贡献显而易见，并且与乡村居民的就业、收入、居住期限等家庭生活特点有关。有研究表明，社会经济变量与传统自给自足经济之间的联系并不密切，也就是说，返乡创业群体的经济活动更多地需要通过文化嵌入的方式来改变。返乡创业群体能使乡村地区过去所保存和创造的“乡村性”合法化，其创造的经济价值也通过交换和互惠的方式增进了返乡创业群体间的经济交往。

四　返乡创业群体在乡村建设中的价值、存在的问题及对策建议

（一）返乡创业群体在乡村建设中的价值

根据对江苏宿迁市 T 镇的调研，我们发现，当前的返乡创业群体基本可以分为“经济挂帅型”“政治稳压型”“知识精英型”三类。可以说，这三种类型的返乡创业群体，主要指那些在城市中掌握了一定经济、政治与社会利益的农民工，他们愿意返乡创业，而且，他们常常处事公正，并愿意为民谋福利，符合乡村普通民众的道德期待和乡村社会的道义伦理。

返乡创业群体对乡村建设的价值非同一般，在对 20 多位返乡创业群体样本的调研中，我们发现，这些返乡创业群体，承担着村庄治安、矛盾调解等公共职能，也承担着道路、桥梁、学堂等村庄公共品的修建与供给。正如有研究者认为，返乡创业群体与家乡的关联是永久性的，从而造就了他们对家乡的情感依附，似乎他们感到有责任捍卫和促进本地社区的福利。

具体来看，返乡创业群体在乡村建设中的价值主要体现在三个方面。

第一，触发了乡村文化的新思维。返乡创业群体的种种新思想、新观念会推动传统的乡村社会由“熟人社会”向“陌生人社会”快速变动，从而带来乡村社会角色的重建、乡村文化及活动区域的变动。而且，返乡创业群体是一个渐进的流动过程，它会给传统的乡村社会带来新的思维、新的话语。这些对农村有强烈认同感、归属感的返乡创业群体，不单单参与了农业与农村经济的生产与再生产，还深刻地影响农村社会生活的方方面面。

第二，培育了内化于心的“新乡情”。所谓“乡情”是指，对一定区域内或群体间存在的人际关系、文化传统、生活方式在情感上的认同与认可，它的积极作用就是保持群体关系的相对稳定，以及维持群体生活道德的一致性。返乡创业群体大多数是乡村精英群体，一方面，他们的“回归”带来了城市的新理念，并参与到乡村建设中；另一方面，他们的“回归”

对一定区域内、群体间的乡村关系、乡村传统、乡村生活保持着情感上的认可与认同，这可能会带来乡村建设一种新型的“乡情式权力”，它是“情感+权力”的复合体。

第三，带来了乡村发展的“新经济”元素。返乡创业群体所体现的流动与拉力在经济上丰富了传统的单家独户耕作的农业模式，创构了以农业或土地为基础，更新的符合市场经济特点的农村产业发展模式，从而可以提升乡村经济秩序的整体效益。

（二）返乡创业群体现象中存在的问题

如果说，“推拉”是通过“看不见的手”在重新配置城乡资源，那么返乡创业群体在返乡创业时遇到的资金不足、技术限制、“水土不服”等困境，则需要构建“政府主导、多元参与”的乡村建设框架，以解决返乡创业群体在城乡融合中的“短板效应”。

第一，三类角色群体难觅，人才瓶颈成拦路虎。当前，农业产业难发展，关键是人才稀缺，尤其缺少农业企业家、乡村职业经理人、新型农村工人三类群体。虽然，目前返乡创业的人越来越多，其中，有热情者多而有专业知识、有市场眼光、有社会资源者却不多。返乡创业，尤其是在农业领域，投资大、见效慢，特别需要当地及邻近返乡创业群体支持与配合。但是，现在能有效发动、引导返乡创业群体、科学管理运营的乡村职业经理人太少，项目运营充满太多不确定性。另外，农民缺乏市场经济规则与意识，也对返乡创业群体的创业形成了阻碍。

第二，频遭政策“玻璃门”，返乡创业群体乡村扎根难。近年来，国家出台了一系列鼓励与支持返乡、下乡创业的政策举措，然而不少受访的返乡创业群体坦言，这些扶持政策落实的“玻璃门”现象较为突出。比如，农村宅基地使用权归返乡创业群体、所有权归村集体；户口不在村里的返乡、下乡人员是无权获得宅基地承包权的，因此合作改建自住房、权属如何划定就是非常棘手的难题。

其次，融资难是引发返乡创业群体困扰的又一焦点。当前，在农村创业，土地流转、基础设施建设、设备购置等前期工作，需要大量资金集中投入，而且周期长、见效慢。很多地区返乡创业群体和村集体要求收现金，不接受入股合作方式，创业者自有资金难以负担，对贷款融资非常渴求。

除银行贷款难申请外，争取财政项目资金也面临重重阻碍。

第三，防范资本借机圈地，破解“最后一公里”梗阻。土地作为农村的核心资源，是吸引返乡创业群体创业的重要基础。不少基层干部表示，鼓励与扶持返乡、下乡人员创业，将成为带动农村经济发展、农业产业培育的重要力量；但是，有些人借国家鼓励返乡创业之机，低成本圈地，这一问题也必须引起警惕。同时，返乡、下乡创业的推进，需要各地尽快细化扶持政策，以减少政策“最后一公里”的梗阻现象。

（三）在乡村建设中发挥返乡创业群体作用的建议

第一，加强顶层设计，加大返乡创业扶持力度。返乡创业的推进，需要各地尽快细化扶持政策，以推动简政放权在基层的全面落地。同时，从创业主体的界定到创业政策的扶持，从对返乡创业的积极引导到对具体创业行为的有序规范，都需要适时调整农村土地、农业金融、社会保障等领域的法律法规；针对返乡创业项目，应制定更加灵活的融资政策；加快农村土地确权工作进程，借鉴商业银行考核小微企业贷款指标的做法，加强对涉农金融机构的考核力度，引导其加大对返乡创业的扶持力度。

第二，基层政府管理要得力，并加强配套基础设施建设。人的流动，是乡村社会活力最重要的表征。一段时期以来，农村逐渐失去活力，最直接原因是农村精英长期的“净流出”。返乡创业群体的到来，意味着乡村社会正在发生变化，尤其是，一些返乡创业群体成为村干部，使基层政权的影响力获得了提升。因此，基层政府要改革管理思路，尤其是在基础设施的建设上，要为返乡创业群体的“扎根”提供良好的配套设施。对鼓励返乡创业群体返乡的政策，也要尽可能结合当地特色来落实。

第三，重建村庄文明，优化创业环境，以留住返乡创业群体这一种子。传统文明的根在乡村，当乡土文明遭受冲击时，不论是希望回到农村实现梦想，还是为了给孩子一个完整的家，抑或是在父母跟前多尽点孝，对于经过城市洗礼的返乡创业群体而言，其责任与使命都极为重要。而对于农村现代化建设、乡土文明弘扬和乡村振兴来说，返乡创业群体也是最适合的种子。因此，建设一个和谐共生的村庄环境，对于留住返乡创业群体也至关重要。

第二节 茶香袅袅的黄龙岘返乡创业群体茶文化街

在南京西南角，苏皖交界，云山深处，坐落着一片茶园竹海环抱的山村——江宁黄龙岘茶文化旅游村。那山，那水，那古官道，那青青茶园，那白墙灰瓦的徽派村落，正向万千游客徐徐揭开美丽的面纱。

“茶文化风情街”是2016~2017年为响应国家“大众创业，万众创新”的号召，牌坊社区依托黄龙岘茶文化村宁静雅致的自然环境，加快启动美丽乡村“特色小镇”建设的杰作。如果文化街有颜色的话，那一定是春天茶园那抹淡淡的新绿色。而从中涌现的“返乡创业群体一条街”更是让“生态文明名片”成为黄龙岘村转型发展的新品牌、创新发展的新亮点、跨越发展的新标志，进一步提升和丰富了“乡村振兴”“美丽乡村”的建设内涵。

一 概况：“返乡创业一条街”辉映新时代

黄龙岘属于丘陵山地，绵延起伏，四周环山，山上竹海青翠，山涧水质清澈，山坡植被茂盛，青山、绿水、茶园、竹海浑然一体，在蓝天白云映衬下，如诗如画。虽然自然资源得天独厚，可是五六年前，黄龙岘还是“养在深闺人未识”。由于长期以来缺乏规划管理和硬件投入，村里的农舍普遍比较破旧，道路每逢下雨泥泞不堪，茶树的种植偏散偏乱，让自然景色大打折扣。

过去的黄龙岘，是妇女、老人、儿童聚集的“389961”小山村，因为贫困年轻人不得不外出打工谋生，妇女、老人留下来打理茶园。这里只产一季春茶，由于缺乏品牌知名度，茶叶价格压得很低。一位老茶农回忆：“过去这里都是泥路和山路，遇到恶劣天气，我们十天半个月不上街也很正常。但这里也有得天独厚的自然条件，村周边20公里都没有工业污染源。”

2013年起，当地请来专业的设计开发公司，精心打造美丽乡村，在不破坏周围生态环境的基础上，对村子进行改造升级：翻新旧房、重修道路、加装无线网络、修建现代化公厕、重新规划茶树种植布局。当原生态的村居风貌结合了现代元素，黄龙岘的颜值越来越高，为当地的乡村振兴注入了全新的绿色动能。

同时，通过引入“互联网+”创新技术，积极带领返乡创业群体及培育大学生返乡创业激情，形成了浩浩荡荡的“返乡创业群体一条街”，并打造了黄龙岘电子商务中心，将江宁街道全域农副产品带进了新时代，带领群众创业致富。通过不断努力，黄龙岘“茶文化街”已由过去相对封闭落后的小街变身为村庄环境优美、富民效应彰显的生态休闲农业旅游风情街。

“茶文化街”原本是黄龙岘村华灯阴影处的一条背街。最初在南部山水之外，是云集贩夫走卒、荟萃城乡热闹的地方。在建设“强富美高”新江宁的新发展时代，现代性逐渐进村，大批返乡创业群体形成了一条街文化。街道中心的民居，不再遵循传统的样式，而是顺着街道两边，长长一溜走过去，呈现为面对面的两层楼房了。每间楼房都有雕花栏杆的阳台，每扇窗户眉毛上都架设了条纹布的遮阳篷。家家户户的墙壁都连接着，两边的人家说话都不敢大声。妙龄姑娘洗浴过后，到阳台上梳头发，好看得像一幅西洋油画。

据统计，文化街51户人家中约40户开起了农家乐，人均年收入从原来的7000元左右增长到了35720元，许多年轻人纷纷返乡就业创业。截至目前，文化街返乡的返乡创业群体近40人，带动解决就业200多人。随着返乡创业群体生活质量显著提高，多数家庭都购买了小汽车，很多人还去相邻的马鞍山市买了房。

繁花有景，芳香满径。来黄龙岘采茶踏青的游客络绎不绝，周末人流量达万人以上。有山有径、有坞有水的黄龙岘村盛产茶叶，现有茶园2000多亩，茶农们忙着采茶、炒茶，并将炒好的茶叶沿街卖给纷至沓来的游客。

在被江宁区委、区政府确定为新一批“金花村”后，江宁交通建设集团以资金入股、江宁街道以资源入股，联合成立黄龙岘建设开发公司，共同改善村居环境，打造宜居、宜游、宜业的“黄龙岘茶文化风情街”。

如今，这条“茶文化街”已实现WiFi全覆盖、24小时智能监控和统一物业运维等现代化管理。此外，不甘落后的黄龙岘人还实践一些先进管理理念，如采用自助付费系统、建造太阳能路灯、驿站服务人员全部聘用大学生等。

在尽量保留乡村原始风貌、不破坏周围生态环境的基础上，通过拆除猪圈、改造危旧房、重建道路、加固护坡等措施，茶文化街发生了翻天覆地的变化。一眼望去，茶园滴翠，竹林茂密，群山延绵，秀水环绕。根据村里的老人回忆："现在不仅有从山沟沟里走出去的返乡创业群体，很多当年离乡背井、出外闯荡的人也可以从都市走进南京的后花园欣赏自然风光。甚至有些人，由城返乡、叶落归根。"生活环境和交通条件的改善，以及串连成线、辐射到面的现代化新农村建设理念带动了黄龙岘旅游业发展，为当地经济注入活力。"茶文化街"呈现一种"绿林如阴""山水胜境"的美好情怀。隔谷相望的云山，一头高昂，一头缓缓下垂，形如卧虎；山上茂林修竹，郁郁葱葱，望之巍然深秀；山下泉水、池塘、山涧小溪流水潺潺。临河而居的茶文化街，与山保持一定的距离，中隔田畴，宜耕、宜居、宜行。

据相关数据，"茶文化街"以生态农业、生态旅游的生态经济呈现良好的发展势头。文化街已形成茶产业、生态观光型茶园基地配套服务体系，富有浓厚乡村气息的农家乐生态旅游成为经济发展的支柱。生态茶园、小公园，与村四周山上的满眼绿色相得益彰。

二　人物：返乡创业群体大学生的"乡土秀"

"茶文化街"是轰轰烈烈的时代幕布上泼墨的一抹新绿色。现在的茶文化街，除了较为"高端"的茶庄茶社和陶器铺，一街全做大排档小生意。对这条蛰伏在繁华闹市皱褶里的小街，家长里短、典故传说就是它们的历史，居民们的口口相传就是它们的博物馆。在"茶文化街"的口头博物馆里，返乡创业群体大学生的故事是最迷人的故事之一。

（一）文化街的当地感

青年大学生晴子毕业后就在黄龙岘村经营起"语晴茶餐厅"。她的茶餐厅是新修的，是一座玻璃花房式的洋房。和她的同学不同，她毕业后就"死心塌地"回村了。读书生涯给她带来了文艺而又现代的气质，但梦中萦绕的都是家乡的山水，这就是所谓的"乡土情结"。在访谈中，她曾如此表示：

> "23 年前我出生在黄龙岘。我出生的时候，村子就很美丽，但它却是天生丽质难自弃，村子的美丽难以被外界感知。近年来，旅游业的

发展为村子的发展带来了转机。村子通了公路，安了路灯，硬化了路面，整治了村容村貌，还保持了村子的清新美丽。我特别希望村子能够长长久久保持清洁、美丽的风景，发展文明、环保、有特色的茶文化和乡村旅游。现在很多年轻人出去上大学、工作，之后就不回来了。作为一个刚刚返乡创业的大学生，很希望在家乡能够有更多的工作机会，能够吸引本土的优秀年轻人留下来，和我一起建设家乡。乡情是一种信仰。”

为了提高“语晴”的影响力，晴子曾经开车到南京揽客，让游客来免费体验吃住，“一年要亏上四五万元，差点就放弃了。”她说，坚持了一年，农家乐的生意开始有了起色，游客量增加，自己也逐渐赢利。“以后要做高端餐饮，创建品牌”，晴子美丽的眼睛神采奕奕，“比如，日本北海道的鳕鱼、北极贝、虫草红枣炖甲鱼等名菜不一而足。”

晴子补充说，新时代的餐饮业显得更为红火、形势一片大好。政府投入大量财力物力集中打造黄龙岘村茶文化风情街，基础设施配套建起来，道路、水电管网、景区设施等逐步完善，游客大量涌来。尤其是到每年的5月，黄龙岘会迎来避暑度假的旺季，进园采茶的客人接踵而至，“农家乐”迎来旅游接待的“春天”。

“农家乐”这种经营理念因为适应了很多人特别是大城市来的游客的兴趣，发展也十分好。有的甚至将自己的房子改造得很好，条件跟宾馆差不多，同时又保留了一些古老的日常用品、饮食方式、饭菜，等等，基本的风俗习惯、生活方式依然保存，形变而神在，十分有吸引力。

根据对农家乐餐馆的随机走访，像晴子这样的，由城返乡、乐意在村子里实现自己人生价值的，不只是一个单独返乡创业群体的个人特征，而是一种“当地感”文化的表达。文化当然不完全是一种精神和意识形态，文化也是和物质性的结构密切联系在一起的。

黄龙岘的餐饮文化就是这样，野火烧不尽，春风吹又生。天南海北的外地人，周末驱车至黄龙岘，白天尽赏山水美景，夜晚来文化街吃饭，为的是欢度一个良宵。在文化街，菜式就是家常小炒，小家碧玉邻家女孩而已。在文化街花钱，有意味的就在于“乡土”两个字，任你去想象。文化街是一个家园，是一个感觉，是一个温情脉脉的停泊码头；是一个大自由，是一个大解放，是一个大放纵，一个大回归，一个可以睁着眼睛做梦的长夜，一个大家心照不宣表演的乡土秀。

（二）文化街的现代感

作为江宁美丽乡村建设规划的中心景区，黄龙岘被串联在一条 28.4 公里长的生态循环线上，道路分设机动车道和骑行慢道，沿线还建起了 14 个各具特色的多功能“主题驿站”，如逢源驿站以品茶棋弈文化为主题、骑友驿站则随处可见自行车元素。

霓裳点破春茶香，屋中闲坐品春茗。每到 5 月中旬，黄龙岘 2000 多亩茶园里的春茶刚刚采摘结束，人们就会约上三五好友，来这里喝茶赏景，成了很多都市人忙里偷闲的惬意享受。来黄龙岘，沏一壶春茶，享半晌时光，还可以沿着一条青砖铺就的茶文化风情街，欣赏别具一格的江南民居，逛逛热闹的农家集市，领略原汁原味的江南农家生活。

漫步在茶文化街上，人总是容易被那家“梦想茶社”和它的主人所吸引。门口的介绍展板上镌刻着几个艺术花体字：“经理：久久”。久久是一个英俊小伙子，葡萄黑眼，英雄剑眉，小白脸。这样的老板，实在是太适合开办茶社了。久久喜欢穿梦特娇丝质 T 恤，把手机放在面前，端一把宜兴紫砂茶壶，无所事事的样子，小口小口抿茶，眼睛找到了你，就对你贴心贴肺地一笑。这种笑很能鼓舞人，让人不得不记录下他的故事。

> “我是部队转业回乡种茶的。农民这个职业现在也是一种生活方式。我们也应当与时俱进，彻底改变传统落后的生产理念。你也看到了，像我家这种富有现代理念的商铺，在这条街上依然未成气候。我身边的农家乐，他们掌握实用的商机和理念较少，科技致富能力较低，适应市场竞争的能力较差。建设美丽乡村，大家最关心的还是怎样增加收入。现在市场经济实现了一体化，科学技术成为农民致富的关键，因此要想致富就得首先掌握先进的经营理念，但这仍然需要时间。”

在黄龙岘茶文化街上，他的“梦想茶社”别具一格。为了满足城里人的休闲需求，将农业生产、科技应用、艺术加工和游客参加农事活动融为一体，供游客领略在其他风景名胜地欣赏不到的大自然情趣。他的“梦想茶社”不仅可以泡茶饮茶，而且根据地方特色和时节变化设置不同的农事体验活动，是集可看、可吃、可娱等多功能于一体的休闲农业。

在梦想茶社，“一杯春露暂留客，两缕清风吹欲仙”。这样清新美丽的休闲区域、独具乡土特色的茶楼，令人赏心悦目。产黄龙清茶，清净悠闲之中，一种返璞归真的感觉油然而生。青青的茶叶，由枯竭而滋润，默默地接受水烫的洗礼，只为还了原本模样，然后痛痛快快地散发出善尽甘来的气息——于是人陶醉了。

（三）文化街的历史感

在茶文化街，还能看到高大的宗祠、名人纪念馆，返乡创业群体十分关注自己现在所作所为留下的影响。因为村庄本身城市化了，外来的人口正在迁入，村庄的土地迅速增值，对于一些有能力的村庄精英，村庄为其提供了大显身手的空间。

尤其重要的是，既然村庄在不断繁荣，返乡创业群体就没有理由迁出村庄到外面居住，也没有理由将自己的生活世界建立在村庄以外。由于对村庄未来稳定的预期，返乡创业群体自然而然形成了一种历史感，村庄共同体意识也因此容易产生。在当时修建名人纪念馆、恢复民间仪式以及举办文体活动，都会有很多热心人的支持与参与。

说起文化街的历史感，怎能离得开修子的“创意陶器铺”？从艺术院校毕业后，修子带着对陶瓷器皿的热爱以及精湛的绳结技艺和纯熟的泡茶手法来到黄龙岘陶器铺。在日常工作中，她把黄龙岘陶器铺打理得井井有条，将陶器和绳结有机融合在一起，显得陶器愈发匠心独具。许多游客进入陶器铺都会沉浸在这一极具特色的小铺中，欣赏一出茶艺表演，品鉴一啜黄龙岘好茶，卸下身心的疲惫，享受一场心灵的放松。

凭借独到的创意，成熟的创业想法，丰富的创业内容，在“大学生创业计划项目”的扶持下，修子实现了陶器铺项目的正式落地，打造了具有茶道、花道、香道特色的创意小铺。陶器铺里陈列的每一个物件，质朴、率真、简单。

在这样一片城郊修身养性，在一大片活水湖旁边，只觉得山水相通。从陶器铺的落地窗望出去，远处湖水渺渺，烟雾蒙蒙；近处芦苇蒿草，清香扑鼻；不远不近处，是痴迷的垂钓者，一弯长长的钓鱼竿，淡淡的墨线一般，浅浅地划进水里。多么好看的一切！

观赏修子的茶道表演是一种美的享受。修子着一袭水绿色的软缎旗袍，静静地稳坐。落地窗玻璃的后面，是一方花梨木的中式小几，几子两边，雕花的靠椅，几子上面摆了带刀叉的水果盆，绿茶准备就绪，还有香烟和烟灰缸。仪式与表演、古典与现代、清新气质和成熟韵味、东方艺术和传统文化在优雅的茶道表演中自然而然地形成了光与影的交互错落。

三　问题："人、财和政策"的缺位制约

新时代的返乡创业群体，以一种"现代性"的身份，引领重新发现乡村价值、回归人与生态环境社会和谐的新风尚。然而，在坚硬的现实环境中，他们也觉得压力重重，甚至因为这些问题的"共同在场"感到"漂泊和迷茫"。

（一）"想要问问你敢不敢"

不少返乡创业群体在访谈中提到，返乡创业群体中的能人和具有一技之长的农民，也就是"灵魂人物"非常关键。"火车跑得快，全靠车头带。"大胆创业，需要加强对思想文化、技术和经营管理能力的培训和技术指导，为未来创业当老板做好充分准备。通过政策引导、创业资金扶持和后援技术支持，将其配置成进行规模化和专业化生产的中坚农户，提高农业集约化、商品化、专业化和基地化水平，促进传统农业向现代农业的转化。

乡村振兴是美丽乡村建设的转型升级版，也需要乡村中"人"的要素方方面面的全面振兴。"人"的要素充分流动和发挥，需要依托村社制度规范的建立。顶层设计十分重要，但是基层也不能仅仅对于政策表现出"等要靠"的态度，必须从人的角度主动突破，发挥人的关键和带动作用。按照某位返乡创业群体的说法："城里人往乡下跑，农民工返乡，企业家进村，人气旺了，财气就旺了，富了的美丽乡村才有生气。"

不少返乡创业群体表示，在目前乡村急缺懂现代种植的职业农民，这样的人才在经济发展中非常关键。尤其是农业企业家、乡村职业经理人和新型农村工人，这些人才的缺口造成了返乡创业群体在返乡创业中的种种困境。

农民工返乡创业是一个趋势。一方面，人数越来越多，另一方面，有热情、随大流、"跟风农民"居多，具备专业知识、市场头脑和经济资源的

“现代农民”较少。在对茶文化街的返乡创业群体调研中，就有部分返乡创业群体对市场行情不熟悉、不了解，盲目投入资金、承包一片地搞种植养殖，最后导致资源浪费。

农业领域发展具有它自身的特性，特别是投资大、见效慢、周期长这一条，需要一批有效发动、引导返乡创业群体、科学管理的乡村“经理人”，从而确保项目运营的顺利发展。这一点，在返乡创业期间尤其重要。

部分返乡创业群体缺乏市场规则意识，这也使返乡创业群体返乡创业形成阻碍，而乡村本土经济中市场经济的要素尚在成长。农业银行曾经做过这样一个调查，本来有意在平台上搭建“农家乐”“乡村乐”版块。顾客原本可以通过农行卡预订住宿，并且可以享受打折优惠。但是信誉缺失问题是农家和平台合作的巨大障碍。不少农家院主会因为游客的现场加价而租售房间，却忘记了线上的预订需要遵守，导致平台难以和农民达成协议，反而会影响“农民、银行和平台”三方的合作关系。

（二）新政策与新秩序

公共政策就是对社会价值的重新分配。乡村规划、建设和管理需要克服过去“重建设、轻管理”的现象。返乡创业群体给乡村治理带来了新的生命，通过激发社会活力、发挥人的主体性，在带来了产业、技术的利好消息的同时，也带来了城市先进的管理经验。

有关部门需要提高返乡创业群体的动态管理水平，利用现代信息技术，推动城镇管理数字化。返乡创业群体的发展与壮大，亟须建立一支专业的管理队伍，探索管理返乡创业群体的新方法和新思维，加强有效管理，充分发挥乡镇和城市的联动，动员多主体、多环节、全方位地积极参与乡村治理。

返乡创业群体的管理也需要突出配套基础设施的原则，为他们扎根乡村提供良好的配套。对农村城镇化的道路、排水、供电、通信、园林绿化、商贸金融、科教文卫体等设施需要进行统一规划、完善配套，把握宏观调控，促进乡村的城镇化发展，在此基础上建设良性循环。鼓励返乡创业群体返乡的政策也要尽可能地结合当地特色来制定，构建包括“培训、信息共享、专家库、网站、人员互通”的服务支持系统，必须使面向返乡创业群体的乡村规划具有政策指导性和可操作性。

为了鼓励返乡创业群体返乡创业，国家出台了一系列鼓励支持政策，然而不少返乡创业群体均表示“上有政策，下有对策”，许多扶持政策遭遇“玻璃门”现象，真正落地生根、有所裨益的不多。村庄文化难以将“外来者”和“本土派”融为一体，返乡创业群体之间也难以共享共同的生产文化和信仰文化。

茶文化街的返乡创业群体吴某，自从返乡那天起，就开始为团队成员在农村的住所发愁。这些“外来者”在农村没住房，住在临时搭建的简易棚户或者集装箱里，条件非常简陋。然而政策方面有规定，允许返乡创业人员和当地农民合作改建自住房。

而在实际生活中，农村宅基地使用权和所有权是分开的，如果返乡创业人员户口不在村里，就无权获得宅基地承包权。因此合作改建自助房，权属如何划定是一个关键问题。既不能控制得太严，防止政策难以产生效力，也无法改善返乡创业群体的居住条件；也不能放得太宽，因为可能会出现城里人涌向乡村，在村庄里建小产权房会使社会秩序变得混乱。

（三）资本的“最后一公里”

银行贷款申请难、争取财政项目资金难都是返乡创业群体创业面临的困境。银行贷款申请需要有产权证的房产物品抵押，或者至少有两个公职人员做担保。然而对于返乡创业群体来说，很多人难以找到公职人员做担保，而农业设施和农房都没有产权，因为无法抵押，所以贷款无望。

返乡创业群体们争取项目资金也经常会遇到“产业扶贫资金难以对接”的困境。某返乡创业群体试图通过返乡种植大棚蔬菜，既可以帮助乡亲们脱贫，也可以实现自己“田保姆”的种田梦。在投入 300 万元进行基础设施建设后，项目资金链跟不上，却无法获得乡镇政府的资金支持，因为政策规定，“扶贫资金只能用在异地搬迁、光伏发电和村庄美化”中。

资本困境也是返乡创业群体返乡创业时面临的大问题。乡村创业、土地流转、基础设施建设、设备购置等创业行动，都需要大量前期的资金投入，周期和见效都有困难。而部分的返乡创业群体和村集体都是只收现金，不接受入股合作。这一点恰恰是返乡创业群体难以负担的，因为他们对贷款融资十分渴求。这正是某位著名学者所强调的“生存理性”，因为支配小农经济行为的主导动机原则是“安全第一”和极力“避免风险”。针对这一困境，甚至某些地区出现了让人警惕的现象：有人借鼓励下乡创业之机，携资本低成本圈地、土地流转非粮化。而土地是乡村资源的核心要素，也是吸引和培育返乡创业群体创业创新的有力基础。返乡创业群体在群体实践中遇到的种种障碍和困难，都需要有关部门结合实际情况，加强技能培训、促进精准扶持、努力防控风险。

返乡创业群体在返乡创业中遭遇的“最后一公里”梗阻，还表现为各地的扶持鼓励政策各自为政，难以在社保缴费、医疗保障方面实现对于农村就业人员的全覆盖。各地的鼓励扶持政策需要细化，推动简政放权在基层全面落地，适时调整相关的农村土地、农业金融和社会保障领域的法律法规，做到明确创业主体、扶持创业政策、引导返乡创业、规范创业行为。

四　反思：返乡创业群体带来“人的回归”

显然，黄龙岘的返乡创业群体一条街素描既是一种现象，也是一种群体特征，更是社会经济进一步发展的产物。同时，返乡创业群体也是中国传统农村生活方式及其精神的当代折射。

一者，“新乡情”的推力使返乡创业群体的回归更加内化于心。乡情，是在一定社会区域群体之间的人际关系、生活方式的文化传统以及情感上的相互认同，基础是群体关系的相对稳定性和生活道德的一致性。返乡创业群体回归乡村，带来了城市发展和建设的新思路和新理念，也对区域群体之间的人际关系和文化传统有情感上的寄托。

返乡创业群体具备更加丰沛的城市化冲动，能够突破乡土社会的狭隘性和封闭性，接触并熟悉城市的文化和生活方式并且深受其影响。随着返乡创业群体在乡村的持续“回归”及其规模的不断壮大、作用的逐渐凸显，必定会给当代中国农村经济、政治和文化等方面的发展带来深远影响。

二者，返乡创业群体所包含的乡土元素、现代元素和历史元素可以充分开发农业资源。通过调整和优化产业结构，延长农业产业链，带动农村运输、餐饮、住宿、商业及其他服务业的发展，促进农村劳动力转移就业，增加农民收入，致富农民，而且可以促进城乡人员、信息、科技、观念的交流，增强城里人对农村、农业的认识和了解，加强城市对农村、农业的支持，实现城乡协调发展。

经济发展和生活富裕是“美丽乡村”建设的保障，而农民征收的主要渠道是传统劳动力和土地资源。要较快地、长效地提高农民的收入，必须坚持就业与创业并重，通过直接掌握生产资料来创造财富，培育成为有技术、善经营、会管理的农民企业家，培育成标准化生产、规模经营的种养大户，充分发挥他们在推进标准化、规模化、专业化生产和产业化经营以及现代流通、劳务经济、农民创业致富中的带动作用，在农村形成强大的创业洪流。

三者，返乡创业群体对冲单一的城市文化、现代文化而形成独特的乡愁、乡音和乡村秩序。黄龙岘的这一支返乡创业群体故事，描画了一群返乡创业群体青年跃动的身影，在新时代的底色里，显得愈加鲜明。乡村“生活场域”的幸福与否，不仅影响乡村社会居民的生活品质，还会影响地方经济转型的可能途径，并且进一步吸引经济活动。

返乡创业群体也可以沟通人际关系、影响派性、再造圈子和重建村庄生活，因此需要重建城乡共同体，发展成高社会和文化关联度的村庄，打破陌生人社会之间的距离和隔膜。与城市相比，乡村老龄化人口比例更高，纯粹市场导向的模式便显得不合时宜。重新建立一种以社会和道德为基础的乡村文化发展模式，提高乡村重建能力，返乡创业群体在其中也会是振兴乡村的一支重要力量。

综上所述，从实质上看，返乡创业群体为乡村发展带来城市现代化的文化。同时，返乡创业群体对乡村生活的融入，并不是一种简单的生活或工作地点的改变，而是一种新的生产方式和生活方式的引入和嵌入。事实上，农村的现代化并不仅仅意味着农村的机械化，而包含人的精神风貌的生活方式的变革，这种变革事实上也是一场生活方式的革命。返乡创业群体的回归正是一种将现代精神岁月“回归”传统社会生活的有机力量，它能够表现为一种领导全体社会的生活品位和价值体系的能力。

第三节　以“返乡创业群体理事会”为自治载体的“横梁探索”

党的十九大报告指出：“加强农村基层基础工作，健全自治、法治、德治相结合的乡村治理体系，培养造就一支懂农业、爱农村、爱农民的‘三农’工作队伍。”① 从自发创新的返乡创业群体自治制度到试点推广，返乡创业群体自治制度一直是中国基层社会的一项重要民主制度安排。从返乡创业群体自治的内涵和制度构架来看，民主选举之后如何开展民主决策、民主管理和民主监督，让返乡创业群体们真正学会自我管理、自我教育和自我服务，对返乡创业群体自治的治理绩效进行案例考察、经验总结和理论分析显得尤为必要和迫切。

以往的和现存的乡村自治组织及治理模式，最大的特点和缺陷是“代替农民”多，“代表农民”少。如何推进返乡创业群体小组自治制度的创新，推动乡村自治与乡村利益共同体在更大范围上的再造？如何以村组为单位，以返乡创业群体理事会为平台、以机制为保障，推进乡村基层治理的现代化？如何通过以行政村为基础的返乡创业群体小组自治促进农民的自我管理、自我服务，实现能力提升、效率提高、体系完善？这就需要解决返乡创业群体利益难协调、决策效率难提高、民主决策难形成的现实问题，使返乡创业群体小组自治制度能够良好落地。

一　江苏省南京市六合横梁街道简介

课题组于 2017 年 10 月考察了横梁街道的返乡创业群体自治发展概况。横梁社区坐落于江苏省南京市六合区横梁街道腹地，宁通高速、宁启铁路从社区穿境而过。以宁通高速为界，路北多为社区庄，路南有包括街道中心在内的大片区域。

经过两轮街镇、村组的合并，目前街道共有土地面积 148 平方公里，户籍人口 6.86 万人，下辖 5 个社区和 7 个行政村。现有的村居“两委”成员共有 115 名。2016 年全社区人均收入 10560 元，社区农社区地区集体收入 140 多万元。街道共有企业 20 余家，社区紧紧抓住稳定与发展不放松，坚持三个文明共同发展，基本实现了生产发展、生活宽裕、社容整洁、乡风文明、管理民主。

横梁社区紧邻横梁镇街道，地理优势得天独厚，依托横梁工业园，该社区兴建了村级工业园区，对外招商引资，吸引 50 多家企业进驻。辖区内

① 习近平：《决胜全面建成小康社会夺取新时代中国特色社会主义伟大胜利——在中国共产党第十九次全国代表大会上的报告》，人民出版社，2017，第 32 页。

有行政事业单位 12 家，个体工商户 160 多家。社区内华晨玩具厂、东翔制衣厂、苏美达服装厂等劳动密集型企业发展势头较好，不但增加了社区集体收入，还解决了部分社区居民的就业，增加了居民收入。社区先后引进上海华联超市、华润苏果超市等国内知名企业，为社区第三产业的发展增添了活力，集聚了人气。

二 横梁返乡创业群体小组自治的基本背景

2016 年，中办、国办联合发文，在全国征集返乡创业群体小组自治试点，在此政策基础上，横梁街道申报了项目试点，也申请了田园综合体的试点。推行返乡创业群体小组自治的背景包括以下三方面。

第一，乡村社会趋于“空心化”。

随着土地确权的完成，农村土地的所有权、承包权、经营权三权实现分置，为农村的土地经营权有序流转奠定了坚实的基础。从横梁街道的土地流转现状来看，大部分土地已经交由大户承包，很多青壮年都从土地中解放出来。

南京地区工厂多、工资高，就业机会和工资待遇吸引了返乡创业群体到城里去打工，而且越来越多的人到城里买房，并逐渐落户南京。这一推一拉，使农村的空心化问题十分严重。就横梁而言，目前人口的就业可以分为三个年龄段，20～50 岁，外出务工；50～60 岁本地就业；60 岁以上在家种田。

第二，乡村基础设施和公共服务事业亟待进一步建设。

目前，街道各村组已经基本实现道路组组通，自来水、家庭用电基本实现了全覆盖。近两年也规划打造了 10 个美丽乡村建设点。接下来，计划进一步实现道路户户通，整治各组的自然环境，但就目前各街镇的整体财力情况来看，并不足以支持新一轮大规模的乡村基础设施建设。

第三，干群比例需要进一步优化。

由于编制限制以及交叉任职等情况的存在，在村级层面，干部群众比大概在 1∶600 左右，仅从管理数量这一方面来看，村居干部日常工作量十分巨大。从街道自身实际来看，2015 年街道开始谋划三大项目建设，到现在为止总投资 112 亿元的三大项目即将启动。如此大的投资总额、如此多的工程量，如果没有一个良好的村级管理体系，更进一步说，如果仅仅依靠现有的街道和村居“两委”成员来做工作，那将不堪重负。

三　横梁返乡创业群体自治的经验特色

在前期多次调研研讨的基础上，返乡创业群体理事会的基层治理尝试一种为沿海发达地区省会城市周边的涉农街道探索出来的基层治理新模式。自 2016 年 9 月，前期成立了 3 家先行试点，经过近 6 个月的摸索和不断调整适应，2017 年 3 月起，在整个街道范围内正式召开了试点动员会。经过 72 天，到 5 月 19 日，共成立了 505 家返乡创业群体理事会，选举产生了 2272 名党员，实现了在横梁街道 148 公里的土地上，返乡创业群体小组自治组织的全覆盖。

（一）“选举风波”的背后，是返乡创业群体对自治组织的重视

说起成立理事会，三友湖村的党员干部感触最深。2016 年 9 月 14 日晚，三友湖村柳塘余组经过群众选举成立了全街第一个返乡创业群体理事会，但成立过程不顺利。

“理事会选举不比村委会选举轻松。”村总支书林先生介绍，首先每户要推选候选人；候选人名单出来后，要在村组要道口公示 5 天；之后召开选举大会，根据村庄大小差额投票选出 3 到 5 名理事，再由理事推选出理事会会长。

9 月初，通过全组 53 户居民的多轮推选，柳塘余组共选举出 6 名理事会候选人。14 日晚上 7 点，选举大会正式举行。可就在介绍候选人情况时，一位返乡创业群体提出意见，认为候选人有可能是提前“内定”的，没有公开公正。原来，这位返乡创业群体平时在外务工，此次是专程回乡参加选举，由于没有看到之前的公示名单，以为是现场报名参选，谁知大会开场就直接介绍候选人，才造成了这一误会。在其他返乡创业群体的证明下，误会得以消除，选举正常开展。

“由此可见返乡创业群体对自治组织的重视程度。”街道负责人表示，经过两轮的行政村合并，现在的横梁“地广”“人多”，面积最大的一个村有 15.7 平方公里，人口最多的一个村有近万人。而在村两委以下，每个返乡创业群体小组只有一名组长从事组务工作，他们平时还外出打工，很难想象靠村两委和一个小组长就能治理好。同时，虽然小组长也是由返乡创业群体推选，但有句俗话叫“一人为私二人为公”，很多村组事务小组长一

人难以操办。

截至5月19日，全街505个返乡创业群体小组经返乡创业群体投票选举，全部建立了返乡创业群体自治组织，覆盖率达到100%。

（二）返乡创业群体信任、组长依赖，理事会成服务治理“好帮手”

在钟林村九阳组选举理事会成员时，还出过一桩趣事：返乡创业群体全票选举该组走出去的企业家叶先生为理事长，而他本人其实长期在外地工作，所有人都不知道他愿不愿意当理事长。幸好，当村干部联系他时，他当即表示：“既然乡亲们信任我、选举我为理事长，我就不推辞这个为群众服务的职务，一定会尽量多回家来，为返乡创业群体服务。”

原来，叶先生近年来先后出资近40万元为村里修了3条水泥路，去年春节还拿出近10万元看望敬老院的五保老人，并给组里老人全部发了500到1000元不等的红包。“谁关心家乡发展，谁为我们做好事，我们就选谁当理事长。”九阳组返乡创业群体们说，叶先生关爱家乡的举动大家都看在眼里，他就是所有人心目中的最佳理事长。

“最佳理事长”的称呼，反映的是返乡创业群体对理事会的信任和对美好生活的向往。“理事会成员都是返乡创业群体公认可以代表他们利益的人，在村里有一定的影响力，因此返乡创业群体对理事会的决策一般都选择支持，对理事会的解释也都能接受。”街道负责人说，有了理事会以后，本组的财务开支、公益建设、集体经济、产业发展、农地管理、社区股份合作等涉及返乡创业群体利益的重要事项都要到理事会讨论，理事可以代表群众反映相关利益诉求。而且，本组涉及国家的、集体的和返乡创业群体群众利益的事务和活动情况，都要对理事会公开，理事可以对组务进行监督。因此，理事会成立后，很快便深受返乡创业群体信任。

2017年底，扬州化工园建设化工管道阀室，征用了王子庙社区王西组2.4亩土地。令小组居民不解的是，全组共有30多户人家，但此次社区征地代劳只有1个人口。为此，返乡创业群体多次通过12345热线反映，村干部上门解释数次却始终无用。2017年4月12日，王西组返乡创业群体理事会成立后，受返乡创业群体委托，理事会成员到市国土局就2.4亩征地代劳人口进行了咨询，得到同样答复。回来后，理事会成员将咨询的政策作了解释，返乡创业群体这才放心。

“有了理事会后，组务都是大家一起商量、一起决定，我们为群众服务的信心更足了。”王子庙社区其小组组长已经担任了多年组长，此次被返乡创业群体选为理事长后，他感到自己的工作内容虽然没变，难度却变大了，“作为组长我坚持在做决策时考虑群众利益，但有时工作不好开展，比如清淤池塘，以前清淤过后就有人来养鱼，劝退了张三，李四又来了，我一人像是孤军奋战。现在有了理事会，不但人手多了村务能分工了，而且2017年清淤，几个理事一起出马各自给亲戚朋友做工作，养鱼的事情再没发生过。”

（三）共建共享，理事会让村庄焕发新活力

2017年3月，包含“e田园”、江苏农业科技大市场、雨花石特色小镇3个子项目的“南京中以农业科技城项目”被正式列入省财政支持的PPP项目名单。作为一项总投资过百亿元涵盖农业、旅游、商业等多领域的重大产业类项目，该项目落户在横梁街道。

项目落地了，如何能最大限度地尊重农民的意愿、保障农民的利益，并让他们也能参与建设，达到共建共享？

6月12日，“e田园”试点工作动员大会在山东社区前林返乡创业群体小组举行，改造项目组向全组79家农户介绍了村组改造规划和“e田园”项目的总体情况。会议结束后，该组5名理事会成员一一上门征询了返乡创业群体们对项目的意见，以及是否有出租意愿。全组79户中有20户表示想把房子整租出去，40户表示出租部分，剩下19户表示还在考虑。返乡创业群体理事会理事长林德潮告诉记者，对于不愿出租的返乡创业群体，返乡创业群体理事会也会充分尊重他们的意见，他们将继续居住在老宅中。

“在‘e田园’项目实施过程中，返乡创业群体理事会为农民与资本的合作创造了基层的基础，接下来的农房析股、租金定价以及相关细则的制定还需要他们继续发挥作用，从而打造真正有利于农民的‘e田园’，实现农民与资本方的双赢。”街道负责人透露，返乡创业群体理事会在推进中心工作、开展公共服务、调解矛盾纠纷、倡导文明新风等方面的作用，远超街道预期。

石庙社区江庄组的地势较低，加之穿过宁通高速公路的涵洞被淤泥和

杂草堵塞，每年汛期极易出现淹水现象。理事会成立后，根据返乡创业群体意见，理事会第一次会议就把疏通涵洞列为梅雨期来临前的为民服务工作。随后，理事长戴先生带领 4 名理事连续奋战 3 天，将涵洞污泥全部清除干净。

“以往政府大包大揽地进行管理与供给，有时反而影响了农民自我管理、自我服务的积极性，而且政府的能力也是有限的，不可能什么都管得好，有时就费力不讨好。理事会不同。它扎根于农民，最懂得农民需要什么、想什么。”上马村党总支书记李先生认为，返乡创业群体自治组织的建设，让村庄焕发出新的活力。

上马村青年组是全街最后一家成立理事会的返乡创业群体小组。此前，由于该组返乡创业群体在本组多年的经济、土地、收益分配等问题上有较大矛盾，选举理事会一事无法推进。后来，村里安排财经人员对历年账目进行清查，化解历史遗留纠纷，该村才终于选出了理事会。据了解，自理事会成立以来，上马村几乎没有接到一起返乡创业群体 12345 投诉，而之前每月都有 10 余件。“返乡创业群体理事会使很多矛盾消除在萌芽期。”李国庆说。

“与其‘为民做主’，不如通过指导、帮助，变成‘由民做主’，让返乡创业群体理事会带动全体返乡创业群体共建共享美好家园。”街道负责人表示，下一步，街道将继续探索返乡创业群体自治的有效实现形式，形成规范有序、充满活力的乡村治理机制，让返乡创业群体理事会发挥更大作用。

由此看来，“横梁特色”的返乡创业群体理事会最大的特色是：以经济建设为抓手，将农村基层治理与农村新一轮的发展进行有机结合。主要的特色包括四方面。

第一，着力宣传党的政策。

主要进行党和上级的政策法规的宣传教育。街道每个季度都会梳理涉农的政策、文件和一些要求，发放到村居和理事会，由每个村组的理事会作为固定活动日的理事、议事材料。将理事会作为一个平台，作为宣传相关政策法规的一个阵地，结合自身特点和农民诉求，把政策法规转化为返乡创业群体理事会成员和农民的自觉意识，让他们听得懂、听得进，真正有收获。

第二，着力推动基层返乡创业群体诉求的解决。

通过理事会这个平台，让理事会成员把本村返乡创业群体的意见、建议带到会上来，说一说、摆一摆、议一议，搭建一个诉求的交流、处置、落实的工作机制，确保返乡创业群体话有地方说、理有地方讲、困有人帮、惑有人解，让理事会成为基层的一个减压器。

第三，着力推动组务公开。

村中500多个自治组织都设立了公示栏，对老百姓感兴趣的事情和问题都进行公示和解释。比如说针对低保、救助，告知返乡创业群体低保的条件、边缘户的门槛条件、什么样的人可以救助。在把政策宣传到位的同时，把一些思路、条件、事务向百姓公开。这样，既实现了知识的二普及，又强化了对政策的理解。

第四，着力推动自我管理自我发展。

结合项目建设，将返乡创业群体小组自治组织和农房合作制度相融合，同时结合街道五好家庭、文明户家庭、好婆婆好儿媳的评比，进一步带动农村好的民风的形成。

四　横梁自治的典型案例分析

（一）新乡村建设激活返乡创业群体民主自治

2016年9月初，三友湖村柳塘余组作为区美丽乡村建设点，街道率先在这里启动返乡创业群体理事会选举。晚上7点选举，组里按照53户户名准备了方凳，贴上了各户姓名。选举开始后，通过群众多轮推选，选出6名理事会成员。选举结束，理事会成员开始履职。

返乡创业群体理事会与支委会、村委会、村代会有什么不同功能和作用？街道党工委书记赵先生介绍说："我们返乡创业群体理事会是在村党总支的领导下，在村委会的指导下，在得到返乡创业群体代表大会的认可后，实现'共商事务、共治基层、共谋发展、共享成果'的群众组织。根据规划，返乡创业群体理事会不拥有行政权和财权。"

"因此，我们给理事会的定位是村委会的助手。"赵先生介绍说，"一方面，利用熟悉村组的优势，更好协助村委会开展工作。另一方面，将村组里的社情民意收集上来，将矛盾化解在最基层，保证'小事不出组，难事不出村，大事不发生'"。

具体情况究竟如何？因输油管道地下管建设阀室，经国土局规划部门核准，征用了王子庙社区王西组 2.4 亩土地，对小组里 30 多户人家征地代劳，只有 1 个人口产生怀疑，村干部上门解释返乡创业群体始终不信。小王组返乡创业群体理事会受返乡创业群体委托，到市国土局咨询，得到合理回复，理事会成员将咨询的政策作了解释后，返乡创业群体放心了，也服气了。

理事会成立以来，社会稳定指标明显趋好。上马村在理事会成立后，通过电询、信访等上访工单量，从每月十几件下降到每月几件，近两个月未发生一件。

（二）特色田园乡村建设的民主自治特色

为适应农村发展需要，江苏 2017 年力推特色田园乡村建设。横梁与央企葛洲坝集团达成协议，对全镇所有自然村庄的 6000 多座闲置房屋资源，通过“e 田园”项目，来整合、盘活和激活，切实解决村庄“空心化”问题。

在推进过程中，农村房地统一登记是一大难题。农村宅基地和农房统一登记是深化农村改革、促进城乡统筹发展的基础工程。然而，由于历史积弊，宅基地建房面积超标严重、审批手续不全、权利人界定困难等矛盾突出。

关键时刻，返乡创业群体理事会的“人民自我调解”发挥了关键作用。在返乡创业群体自愿、程序合法、司法见证、确保合法合理合情的前提下，减少了干群矛盾，缩短了工作周期，最大限度降低了农户办证的经济成本，激发了农户参与新乡村建设的积极性。

“e 田园”项目，结合街道其他两个项目，总投资为 112 亿元，计划 9 月底项目启动。开始还有人担忧，跟 6000 户农户打交道，要做多少说服宣传工作。可是这次所涉及的村组，由于实现了返乡创业群体理事会全覆盖，未发生一起上访事件。

将近中秋时节，走进曾被称为“空心村”的横梁街道黄中村小赵云组，映入眼帘的是青砖青瓦砌就的房屋，屋前凉亭散落着木船和秋千，水杉、海棠、金桂、香樟、柳树等搭建的绿色长廊显得格外静谧，一改往日萧条景象。

今年初，外地“创客”看中小赵组交通优势，承包下周边 2000 多亩土地种植水稻和观赏苗木，吸纳闲置劳动力 200 人，同时租下小赵云一户人家的闲置农舍试点经营民宿，并配套种植了有机蔬菜和瓜果，效益明显。

可是，在究竟“种什么”“创什么”问题上，投资者与返乡创业群体发生异议。返乡创业群体理事会成员分头出面征求意见，达成按照“一户一景”的策划，把整个小赵组打造为民宿村的统一规划。由此，闲置的农家院在“创客”入驻改造变为民宿后，周边水杉、金桂等树木成片种植，千亩稻田产出优质大米。

“民宿村只是生态园的一小部分。”创客吴先生介绍说，11 月，他们将投入使用新建的粮库和烘干中心，开发的藕塘、鱼塘、采摘园、花卉园等农事体验项目也在建设中。他体会到，这里的投资环境好，尤其返乡创业群体自治麻烦少。

（三）从“代替农民”到“代表农民”的嬗变

新篁中心社区耿西组庄内，道路多年前就进行了硬质化改造，方便了返乡创业群体的出行。但自 2015 年开始，道路上的涵洞因破裂而堵塞，每到下雨天就会大量积水，返乡创业群体只能从旁边的小路通行。原来的“民心”工程，变成了“民怨”工程。

返乡创业群体理事会代表返乡创业群体提出问题并指出问题发生的症结：涵洞的损坏，是日常维护跟不上造成的，如果仅仅依靠街道和社区出资修整并不能从根本上解决问题。理事会代表返乡创业群体提出解决问题的方案后，难题很快解决。

王子庙社区小曹组，共有 40 多户，组里有一口 3 亩左右的当家塘，曾经是周围的返乡创业群体生活用水的重要来源。但随着自来水的普及，当家塘逐渐废弃，杂草丛生，每当返乡创业群体从塘边路过，都会抱怨这里臭气烘烘。

理事会在协调中了解到，之前当家塘也做过河塘清淤工作，但由于现在当家塘已经不能发挥原有的作用了，清理后一段时间又被再次废弃。如果不能恢复当家塘的功能，那清淤只是费钱费力。他们觉得必须转变思路，改变对当家塘的定位，把它作为村组集体经济增收的一个来源。

不久，当家塘作为集体资产向外承包。在理事会成员的监督下，在多次竞价后，河塘被返乡创业群体曹德意承包，承包年限 5 年，每年租金 1000 元。曹先生还自费花了 1 万元，在河塘旁栽下了树苗，河塘面貌焕然一新，成为返乡创业群体纳凉休闲的新去处。

这让返乡创业群体看到了“代表农民”的意义和力量。街道党工委书记赵先生介绍说，民主的需求本质上就是利益需求。而返乡创业群体的利益一旦有了民主表达诉求的有效渠道，就会激发出无穷的智慧和力量，反过来推动民主自治的开展。

可见，中国农村的民主选举和自治，对缩小收入差距会有相当的积极意义。基层民主选举和自治不仅改善了收入分配，而且促进基层管理改善，使村庄大幅增加了有效的公共投资，给农民带来了极大好处。

这种好处，在如今的横梁乡村，已经是看得见、摸得着的了：宽阔的水泥路畅通了与外面世界的联系，清澈美丽的荷塘边花红柳绿，内河沟上建起了干群“连心桥”……横梁的探索，就像这“连心桥”一样，连接的何止民主与自治的康庄大道！

五　返乡创业群体小组自治的价值、制度困惑和解决之道

村级基层组织建设亟须完善，也饱含返乡创业群体对村级民主自治的期待。2017 年 3 月 9 日，横梁街道全面启动以返乡创业群体小组为单元的自治工作，制定了《返乡创业群体小组自治工作实施办法》《返乡创业群体小组自治选举办法（草案）》等相关文件用于指导返乡创业群体理事会开展活动，要求各村组规范相关程序、不以流动票箱代替大会直选；对理事会成员的候选人，采取户代表海选的方式，让返乡创业群体选出心目中合适的人选。

结合返乡创业群体小组自治，街道还在各村组成立了 288 个党小组，引导返乡创业群体将党员团员、村庄“五老”、致富能手、返乡大中专毕业生、名人能人等政治素质好、群众基础硬、带富能力强、协调能力强的返乡创业群体选入理事会，参与村庄建设。对理事会成员候选人，街道也积极做好思想工作，确保其对理事会这一志愿服务组织有充分的认识。

按照计划，横梁今后的返乡创业群体小组自治工作共分为三个阶段：第一阶段，街村两级主导，成立工作组，提供技术上的支持，帮助搭建自治组织平台；第二阶段，农村党员带动自治组织成员发挥先锋模范作用，推动自治组织发挥作用；第三阶段，回归返乡创业群体，理事会各项活动正常开展，由返乡创业群体接力参与村组的日常事务，发挥主体作用。

横梁返乡创业群体小组自治的探索价值主要体现在三个方面。

一是自治更有活力。权力下放，使村组居民之间的利益关联更加紧密，进一步激活村组居民的自我管理、自我服务意愿。

二是决策更有效率。各村组内部的事务由村组居民自我决议，避免村组事务村庄决议下的烦琐与低效。

三是形成“协同共治、多元自治”的治理模式，拓展返乡创业群体自治参与的新渠道。一方面，架组织，让自治“软着陆”。另一方面，搭平台，让协商更有效。无论是村干部、返乡创业群体群众，还是外出谋生的乡贤，都能通过平台参与村组自治，扩大村组自治主体，为村组公共事务集思广益，让村组的决议更加科学、更有成效。

返乡创业群体自治制度在中国基层社会已经存在并且运行了多年，横梁的初步尝试在创新之余也留下了不少的难题和困惑，主要表现在以下两个方面。

第一，返乡创业群体对理事会的预期存在偏差。

部分返乡创业群体认为，理事会就是缩小一级的村委会，可能拥有一定的行政权力，能够申请上级资金，进行道路维修、环境整治和道路维修等功能。但是返乡创业群体理事会的定位是讨论村组的各项事务但不执行，讨论结果交由村两委进行研究，从而决定是否实施。这种“只议不做”的做法，让部分理事会成员觉得理事会并不能决定什么，只是个谈天说地的地方，并不能解决实际问题，从而丧失积极性。

第二，返乡创业群体的政治参与积极性不高。

随着社会的不断发展，更多的人开始关注提升自己的生活水平，对公共事务的管理并不是很关心。目前，大部分外出务工人员的月收入都能达到 3000~6000 元 1 个月，与此相对的是每亩土地年租金也就 600 元左右，公共事务的管理对年轻人来说失去了吸引力。青壮年大多进村务工或者本地务工，参与集体管理的意愿并不是很强烈。

横梁返乡创业群体自治制度的完善设想包括三点。

第一，做好三个结合，即返乡创业群体理事会的工作要与街道项目建设相结合、与部门日常工作相结合、与农民切身利益相结合。需要进一步激发县乡基层政府的创新动力，通过外部的系统性改革支持，保障村庄协商民主的机制或模式创新，整合资源输入对接支持“理事会”等。

第二，进一步完善返乡创业群体理事会的日常制度，包括每个村组找出一个特色亮点，各村居每周一篇案例收集上报，每个季度一次日常例会。促进基层治理现代化的真正实现，改革县乡的政治生态，通过顶层设计转变县乡的治理逻辑，促使其向服务型政府全面转型，在改革中逐步确定国家与社会的权力边界。只有创新与改革并举，才能找到基层治理现代化的真正法门。

第三，按照创新、有效的原则，以制度化和机制化为保障。创新自治运行机制，探索从提议、审查、执行到监督的政策运转体系。首先由返乡创业群体理事会成员提出议题，村党组织召开联席会议进行审查，再由理事长负责组织实施通过的决定，最后返乡创业群体理事会负责监督决策的实施。创新激励机制。返乡创业群体理事会可通过发放奖金、荣誉证书和纪念品的方式，奖励村组农户，以激发村组居民参与活力。

第四节　南京浦口侯冲社区的“集体行动困境”

当代农村正在经历剧烈的社会变迁。习近平总书记在 2014 年中央农村工作会议及多次公开场合郑重表示，农村是我国传统文明的发源地，乡土文化的根不能断，农村不能成为荒芜的农村、留守的农村、记忆中的故园。[①] 鉴于城镇化的急速建设和农村社会关系的极有力扩展，它们的综合效应怎样？如何在尽可能大的程度上防止或制止道德体系中心与物的背反，同时培育富于现代性的秩序意识？如何争取将社群关系中的新乡情和中国传统社会的情感内涵较为平衡起来，应对“陌生人社会”、“公共秩序”和各种各样的“集体行动困境”？具体调研主题包括研究当代农村传统道德观念所经历的变迁和调整、所面临的挑战和困惑、所进行的拣择与重建。

一　群体关系的剧烈变迁

根据熟悉村史的计生专员吴主任介绍，侯冲社区的人际关系正在经历

---

① 习近平出席中央农村工作会议并发表重要讲话，新华社，2020-12-29，www.gov.cn/xinwem/2020-12/29/oontent_5574955.htm。

一个由“熟人社会”向“陌生人社会”剧烈变迁的过程。这样的一种变迁，既印证了全球化和工业化环境对农村社会造成的震动和冲击，也呼唤一种新型的道德关系来调节乡村社会的人际交往和共同记忆。

由于社会、历史和文化因素的制约，熟人社会中的社群关系活动内容简单、交往对象稳定、影响范围狭窄、相关因素单一。传统农村社会的群体关系大都具有区域性、稳固型、延续型的特点。所谓区域性，意指群体成员间关系的主体及其关系的主要内容，往往都是局限在一定的区域或地区，其群体间的“舆论”也都具有区域特色。作为表现道德观念的人际关系也因之有相对的稳定性，或者说是在一定区域，其中的道德主体大都相对固定，几乎没有流动和变动。群体关系的延续性主要指个体在群体中的角色和资源在代与代之间具有明显的继承性。

通过这种代际关系和社会关系的纵向与横向的叠加，此次调查的侯冲社区也包含以上基本的乡情特征。侯冲社区隶属于南京浦口区永宁街道，原本为侯冲村，后改成侯冲社区。2008 年，侯冲合并之前的 6 个自然村（侯冲村、大营村、复兴村、姚徐村、街道委员会和林场），现下辖此六大自然片区，共 11 个返乡创业群体小组。侯冲社区现有居民 2197 户，共 6489 人，其中党员 218 人。吴主任评价道，侯冲的社会结构及其人际关系有传统中国农村的特色。她叙述的内容让人想起，早在 60 年多前，费孝通先生即对这种通过“由无数私人关系搭成的网络”而成的“差序格局”的农村社会结构进行了研究。①

然而，改革开放以来，随着生产和生活方式的变革以及城镇化建设步伐的加快，中国的社会结构及其成员个体角色发生了巨大的变化。随着社会主义计划经济向社会主义市场经济转轨，经济关系的变化必然引起农村社会道德的变化。因此恩格斯断定：“一切以往的道德论归根到底都是当时的社会经济状况的产物。”②

侯冲社区也不例外。历经 8 年时间，现已形成苗木花卉、水产家禽等主导产业。2010 年以来，以侯冲高效设施农业基地、侯冲工业园、侯冲生态都市产业园、永宁镇农民资金专业合作社等产业结构日益鲜明，基础设施

① 费孝通：《乡土中国》，上海人民出版社，2007，第 34 页。

② 《马克思恩格斯文集》第 9 卷，人民出版社，2009，第 99 页。

日趋完善，产业业态不断优化。村级集体经济收入和农民人均纯收入年均增长 16%和 13.1%，已连续 3 年荣获南京市综合实力百强村。在急剧的社会变化中，传统的农村群体关系也经过了持续不断的洗礼，人们的精神、心理、思维方式和生活方式都因之受到了影响，并形成了崭新的社会关系。社会已经从一个“熟人社会”正在进入“陌生人社会”，正处在一个从静态社会向动态社会转变的过程中。在此基础上，社会结构也有新震荡与调整，成员之间形成并表现出新的道德关系模式。

这种新型的道德关系，产生于当代社会变革中，是在工业化、城镇化和全球化生产方式的基础上形成的新型关系，它超越了与传统农业生产和生活方式相应的区域、血缘和亲属的社会关系。发生在侯冲社区的新型道德关系是以现代工业生产为纽带，因城市拆迁或因新农村建设及区划调整等为动力而形成的，它以多区域和跨区域的“陌生人”大量、快速、多样聚集为标志。据调查，侯冲社区的外来人口约占总人口的 1/6。其背后的物质力量即传统农村向现代农业的转变、农村人口向城镇居民的转变、农业生产向工业生产的转变、乡村经济向区域经济乃至全球经济的转变。

简言之，这种社会关系建立在社会结构急剧变化的波峰之上，因之冲击并塑造了新型的道德体系及其评价方式。这种改变不仅发生在侯冲社区，也发生在经历了现代化冲击的整个农村地区。在人们的道德心理还没有准备好的情况下，人们的生活方式已经发生了巨大改变。这种心与物的背反，必然导致群体成员之间道德生活的背反。当新旧对立的道德体系之间的准则发生冲突，以及同一道德体系中的新旧道德观念和准则发生冲突时，道德生活就缺少了完整和谐。尽管道德这个范畴迄今为止始终没有一个统一的界定，诚如凯尔森所言：“自古以来，什么是道德这一问题是永远存在的，不知有多少人流了宝贵的鲜血和痛苦的眼泪，不知有多少杰出思想家，从柏拉图到康德，绞尽了脑汁，可是现在和过去一样，问题仍然未获解决。”[①] 如果道德体系自相矛盾，那么群体关系要么无所适从，要么避难就易。道德体系将因自相矛盾而丧失规范的是非标准和价值导向功能，道德价值将无法实现。

---

① 〔布拉格〕凯尔森：《什么是正义》，《现代外国哲学社会科学文摘》1997 年第 1 期，第 32 页。

二　乡情流失的诸多背反

在调研中我们发现，当代中国农村或多或少都出现了道德背反现象。道德背反是人们谈论得非常热烈又倍感困惑的一个重大话题。体现在侯冲社区，可能更多的是乡情背反问题。所谓乡情背反，意指在社会结构的重组过程中，每一位成员都渴望并需要一种真诚的乡情，但是在家乡的迁徙、群体的重组和新型社会建构过程中，人们却又在心灵中感到更加远离这种记忆深处的乡情。现代社会掌握了与多年相比大大增加了的经济实力，同时经历着远不那么有利稳定和越来越复杂的现代性道德危机。由侯冲返乡创业群体的访谈来看，中国农村的道德变化着自己的特色，除去其中的时代性和进步性，仍然有一些问题值得重视。

第一，群体关系中经济纽带的主导性，强化了道德模式的功利性。中国传统农业社会中的秩序建设与维护，是以礼教和宗法为调节力量，以社会的秩序建设为标准的。这种秩序建设即维护尊卑有序与社会和谐。传统的“差序社会”网络的“每一个结都附着一个道德要素”。[①] 道德往往都是在熟人社会中才能起到真正的作用。改革开放之前的侯冲村，人与人之间的关系往往都可以通过依赖一种简单“善恶”原则进行处理。比如返乡创业群体之间有了纠纷，或者返乡创业群体利益受到侵害，一般不是找村干部或者求助媒体，而是借助熟人的力量进行调解维权。这种道德力量更多是处理熟人间的关系，所以一些排他性的行为或利益往往都因其熟人社会的因素。

随着经济的发展和对高品质生活的追求，侯冲社区的社会群体关系发生了剧烈变迁，加速了群体成员的变动性和流动性，并进而造成成员关系的陌生性。道德的外在强制性往往都是在熟人社会中才能发挥有效的作用。陌生性决定了成员道德自律及监督力量的弱化。在一个新的群体中，其复杂的人际关系仅仅靠一种传统的善力量是难以完成的。因此，一种复杂的社会关系便被简化成了简单的经济关系，最终变成了功利主义的交往。在新的农村社区的道德生活中，也出现了一种群体无意识现象。

在社会急剧转型时期，失去了“熟人”道德监督的个体潜意识中的暴

① 费孝通：《乡土中国》，上海人民出版社，2007，第 35 页。

戾、反抗、报复等有害冲动一面，也越来越表现出其易发性、多发性特点，甚至表现出常说的群体无意识形象，表现出对既有秩序和规则的无视、挑战或破坏冲动，表现为某种非预警性的群体性事件。例如，公共场所出现的哄抢践踏事件、社会车辆不为急救车让道、在超市银行不按秩序排队、公共空间随意泊车、上下公交或飞机拥挤、公共场所大声喧哗、乘车不按车票指定座位就座等现象。甚至会造成无预警的斗殴，个别者甚至会致人重伤或丧命，给社会和个人带来各种类型的伤害。

据吴主任介绍，侯冲社区也存在某些群体性事件，比如说拆迁问题、土地承包经营权流转问题、低保名额分配问题，等等，返乡创业群体与返乡创业群体、返乡创业群体与村委会之间的冲突时有发生，所幸事态都得到了良好的控制。但反观近些年农民的群体性事件，并且往往会出现“起因小—基层反应迟钝—事态升级—基层失控—震惊高层—迅速处置—事态平息”，最终形成中央、地方到群体性事件各方面均输的负面结果。有研究表明，“目前中国社会发生的抗议事件中，农民维权占40%，工人维权占30%，市民维权占15%，社会纠纷10%，社会骚乱和有组织犯罪占5%”。①

群体关系中经济纽带的主导性，往往会导致政治参与供应不足。按照亨廷顿的说法，国家的稳定与政治制度化存在正相关关系——政治参与+政治制度化=政治稳定。如果国家制度化的水平能有效满足民众日益增长的民主需求，国家政治稳定和政治秩序就得以维护；反之，国家秩序就会紊乱甚至产生动荡。当一国公民政治参与需求增加时，如果政治体系无法给个人或团体的政治参与提供渠道，个人和社会群体的政治行为就有可能冲破社会秩序，给社会带来不稳定。②

第二，新社群交往对象的陌生性，使交往行为失去了亲情和乡情的制约。

在传统的熟人社会中，人与人之间的关系往往被凝练成一种亲情和乡情的东西，社会中的一些排他性行为或利益都可以通过亲情和乡情的润滑而得到处理、抑制和化解。尽管这种处理结果未必是公正的，却是大家能够接受

---

① 方江山：《非制度政治参与——以转型期中国农民为分析对象》，人民出版社，2000，第38页。

② 〔美〕塞缪尔·亨廷顿：《变革社会中的政治秩序》，李盛平译，华夏出版社，1988，第56页。

的。侯冲社区调研中返乡创业群体经常提到的“乡里乡亲”一词，即此意。

当代新社群关系往往都是建立在陌生人群之中，以发生在陌生人之间的交往为其基本特征，它们具有强烈的陌生性、变动性、多样性。这种新的道德关系已经不再是传统上那种代与代之间长期形成的区域继承关系，其主体甚至包括跨区域或多区域性和国际性的邻里关系、同事关系和客户关系。在新的社会结构中，个体的交往对象大都是陌生人，更多的排他性行为或利益分配都发生在陌生人中间。

新社群中的个体离开了熟悉的人际环境，在工业生产和城市生活的物质力量结成了一种具有明显功利化的关系特色。随着熟人社会逐步瓦解，道德自律及其道德监督力量往往会相对弱化，熟人社会中的道德监督作用、责任意识都已发生改变。由于陌生人是变动的，个体与陌生人间的道义和责任关系复杂不定。

据吴主任介绍，越来越多的居民反映出对原有乡村文化和乡情的依恋与怀念。他们怀念一家一户、有水有花、乡里乡亲、岁短情长的逝去时光。民众虽然并不富裕，却因共同的乡情文化有较强的凝聚力和村庄认同。而如今，建立在简单善恶关系上的道德难以调节在现代工业社会基础上建立起来的人际关系和社群居民。从传统亲情和乡情社会向现代新型社群关系的转变中，侯冲社区的人际关系间出现了某种程度上的情感断裂，新的乡情意识和情感认同还没有相应形成。那些曾经起到维护社会秩序重要作用的乡情文化和传统认同，越来越失去其有效的约束性和现实的规范性。

三　超越背反的道德重建

随着社会的复杂性程度越来越高，新社群关系中的问题的易发性、多发性和非预警性特征也就愈加明显。在追问“为什么需要道德”这个问题时，我们就是在追问道德的本质和目的。类似亚里士多德的“人性自我完善”、霍布斯的“理性追求自我利益”和边沁的“促进最大多数人的最大福利”，我们必须对社会剧烈变革下的农村道德拣择以及重建提供某些说明和辩护，以便对道德和道德建设的本质达到进一步的理解。

第一，提升道德建设内涵，构建良好的法治秩序。

提倡道德不是为了空洞的道德，而是为了建立一个秩序良好的社会。我们需要重视熟人社会中的善，更要建设陌生人社会中的善。

侯冲社区已经积极发展了“支部+协会”的治理模式，以充分调动群众参与地区公共秩序建立的积极性。根据工作需要、农民需求，由社区党组织牵头，把党员和部分群众组织起来，领办一些社会事务管理类协会。由于侯冲社区着力打造旅游景点，因此对社区范围内的卫生状况极为重视，公共卫生协会因此从 2013 年开始对社区一些小组进行整改，例如 2013 年对复兴村牛王殿小组进行卫生改造，主要任务有重修水泥马路、公厕改造计划和猪圈整理计划，主要针对牛王殿小组垃圾乱堆乱放的现象，现已完成。同时公共卫生协会也完成了对侯冲村 6 组的卫生改造计划，专门进行雨污分流计划，着力打造生态居民点，现已改造完成。公共卫生协会还负责其他一些日常工作，例如扬尘管制、路灯维修等。

从上述协会的公共职能来看，如果没有良好的法治秩序作导引，熟人社会中的道德之善，容易转化成为一种乡愿之善。比如侯冲社区村东头的空地，就曾经堆满了垃圾，这是返乡创业群体普遍认为“公地是公共事务，与我无干”的典型代表。事实上，推己及人的美德，重在将之推及于陌生人。这也或许即如孟子曾说过的，乍见孺子将入于井，皆有怵惕恻隐之心，“非所以内交于孺子之父母也，非所以要誉于乡党朋友也，非恶其声而然也。”（《孟子·公孙丑上》）

事实上，许多不讲秩序者、一些事件的责任者，在现实生活中并不见得都是什么十恶不赦的坏人，他们大都是普通人，甚至其中很多人在邻里之间、在工作单位中都表现得很好。一旦因其无序行为造成了严重的问题，他们往往是追悔莫及。比如，农忙季节，侯冲社区往往会出现返乡创业群体因为争水而大打出手的情况。所以说，不讲秩序的善容易转化一种恶。没有秩序的善即一种“乡愿”之善，是对善的一种背叛。如果没有良好的法治秩序作保证，每一个人都有可能成为坏事的帮凶。

第二，建构农村政治文化，创建制度场域文明。

阿尔蒙德曾经这样论述政治文化与道德建设的关系：“一个社会的政治文化由经验信念、表达符号和价值系统组成，它赋予道德的运作以秩序和意义，限定了道德行为所发生的情势，为道德提供了主观导向。”[①] 建设社会主义新农村，建立新型的乡村道德关系，必须努力培育新型的社会主义

① G. Almond, *Comparative Politic System*, The Journal of Politics, 1956, vol. 18, Aug, p. 396.

农村政治文化。党的十八大报告指出："要深入开展社会主义核心价值体系学习教育，用社会主义核心价值体系引领社会思潮、凝聚社会共识。倡导富强、民主、文明、和谐，倡导自由、平等、公正、法治，倡导爱国、敬业、诚信、友善，积极培育社会主义核心价值观。"

农村政治文化的健康培育离不开"乡域"政治制度文明的建设。"乡域"是"场域"的舶来品，是中国乡村研究中最新的基本研究单位。布迪厄意义上的"场域"概念，既包括运作的空间，也意指一个不断争夺的空间。场域中各种位置的占有者有能力利用种种策略展开斗争，是一个在时空范围内利用各种力量进行竞争博弈的网络空间，存在"权力场、政治经济场"等"元场"和"科学场、艺术场、宗教场"等非元场。[①] 而乡域包括空间开放性、实践延展性和政治运作影响因素穿透性和多维性等网状化特征。

创建制度场域文明，可以通过一个崭新的视角来观察中国农村道德秩序的重建问题。正如邓小平曾经深刻指出："制度好可以使坏人无法任意横行，制度不好可以使好人无法充分做好事，甚至会走向反面。"[②] 乡村制度场域文明包含降低交易成本和缓解信息不对称等一般场域的基本要素。

比如，侯冲社区"支部+协会+合作社"治理模式的制度构建，能够为人们的行为创造大量的调节性规则，成为人们意旨性行为的限制因素。在新的制度框架下，契约、准则以及准协议提供信息，合理而有效率的制度能够降低交易成本，实现权利让渡，促进农村群体关系中政策的协调，不再出现彼此阻止对方目标或利益实现的行为。侯冲社区成立的农家乐专业管理合作社，有助于促进农家乐管理规范化，把农家饭店、农家旅社的经营者召集起来，形成一个行业团体，通过行业自律、提供信息、促进交流来规范群体之间的交往行为。

第三，培育乡域情感内涵，留住幸福家园之梦。

农业社会中的道德因素，难以调节、约束或化解现代复杂社会中的"陌生人"之间的复杂关系。在从熟人社会向陌生人社会的转变过程中，高度复杂的社会及其和谐地运转，都是需要建立在良好秩序基础之上。所以，如果说道德建设在调节熟人社会中还有一定作用的话，那么，在不割断自

---

① 杨善华、谢立中主编《西方社会学理论》，北京大学出版社，2006，第168页。

② 《邓小平文选》第2卷，人民出版社，1994，第333页。

己传统的同时，于新型社会关系中，更多地需要一种新的乡情培育，丰富乡情内涵，以超越简单的亲情。

所谓新乡情，即在传统乡情网络基础上建立在新社群关系中的乡情，它既有宗族、血缘、地域因素，更有在新地区、新生产方式中凝练成的感情和道德因素。这种新乡情具有开放性、多元性、可调性。当经济发展代替政治斗争，当人际协调代替阶级矛盾成为调整日常社会生活的主要任务，当我们将构建和谐社会和建设社会主义核心价值观作为今后的奋斗目标时，道德主体由“人民”向“公民”的转变便是对这一变化中的社会生活的积极适应，是用与时俱进的马克思主义指导道德生活的创新性伦理成果。[①] 构建新乡情的这一转换扩大了道德的主体范围，在经济成分、组织形式、就业方式、利益关系和分配方式多样化成为基本趋势，农村的道德关系趋向于开放、多元和易变的情况下，“引导人们在遵守基本道德规范的基础上，不断追求更高层次的道德目标”。

加强新乡情培育，丰富乡情内涵，也蕴含“中国梦”。习近平总书记提出充满正能量的“中国梦”，意味着每个人的前途命运和国家的前途命运息息相关，国家好，民族好，大家才会好。让乡情真的有情，就是实现农村道德建设的“中国梦”。快速推进的城镇化和工业化进程，正在深刻地改变中国农村的生产生活方式，也推动农村人的心灵家园的变迁。生产方式的改变是主动适应，生活方式的改变是被动适应，亲情与乡情、家庭与宗族、历史与现实、区域依恋与迁徙冲动的能量转移，是一次文明嬗变，意味着人类历史上最为漫长而又饱经沧桑的农业文明正在大踏步赶上时代潮流。在城市辛苦劳作的农民工们，梦回故乡，依稀是红砖青瓦、绿柳白杨，小院矮墙、大豆高粱。城镇化和现代化留下的心理痕迹，不仅存在于这一代人，还会在今后几十年影响几代人，改变几亿中国人的人生轨迹。培育新乡情，是一个几亿农村人口顺利融入城镇生活和现代文明的漫长过程。城镇化说到底是中国农村生产生活方式的变革和家园的变迁，要有高楼更要有人气，要有一定城镇规模更要有较高幸福指数。

就侯冲特色而言，助弱扶贫协会是侯冲开会最多的协会，因此也是最为重要、承担社会任务最多的协会之一。首先，每年组织社区老年人开展

① 黄明理：《社会主义道德信仰研究》，人民出版社，2006，第 387 页。

免费体检，提供老年人的生活补助，开设老年人活动中心例如广场舞和老年棋牌室，同时还为老年人协调家庭纠纷。其次，承担暑期亲子活动，如开展暑期校外免费辅导班，学习剪纸手艺和文化科目学习，同时助弱协会有时候也负责调解家庭感情纠纷和妇女感情问题。最后，关注儿童教育和奖励高考的事务，针对那些困难儿童、残疾儿童以及家庭突发性困难的儿童，助弱协会每年定期为他们提供学费资助，以便他们能够继续接受教育；奖励本社区考上本科和专科的高考生，以鼓励他们努力学习。从上述活动中可以发现，助弱协会为侯冲社区承担了大部分的民政和村庄社会事务，为侯冲社区新乡情的培育奠定了基础。

在城镇化带来不可阻挡的农村社会变革中，道德背反现象渗透在农村社会生态的每一个角落，对农村道德风尚、政治结构和社会发展都有忽明忽暗而又如影随形的影响。通过南京浦口侯冲的例子我们可以发现，坚持社会主义核心价值观、加强法治秩序建设、培育新的乡情文化，等等，这些道德重建的举措应当被广泛地应用于当代中国新农村文化建设领域。在此语境之中，农村的道德建设也正在经历一种有力的现代性转向，使自己呈现为一种越来越具有现代性内涵的社会文化形态。

第五节　返乡创业小夫妻的家庭农场“浮世绘”

在江苏省常熟市 D 镇稼韵果蔬专业合作社，一对年轻的硕士夫妻正在用努力和汗水铸造属于他们的“农场梦”。丈夫李君和妻子宁君都是南京农业大学的硕士毕业生。2016 年毕业后，两人在江苏省常熟市 D 镇合作基地扎下了根。一个简易铁大门，一排排整齐的大棚，加上各种小动物，这就是小两口亲手打造的自己的农场。

这篇案例包涵了田野调查和散文式的记录，仿佛置身链接过去和未来的田埂，触摸到苍凉，也感受到愿望。显然，在常人看来梦幻般的致富和成功，对于这对返乡创业群体小夫妻来说，却经历了一个痛苦的洗礼。他们表示，“在回归乡村中，你所面对的可能是一个文化传统和生活方式截然不同的社会，苦闷、寂寞而又难以诉说是常事”。在掀开乡村现代化浪漫想象的面纱之后，面对鲜活的市场竞争，支持返乡创业群体进行工作的便是另外一种精神，去朝向生活本身、发现故乡的忧郁和真实，更重要的是相互包容、和谐相处。

一 土地情结

常熟市D镇是江苏出了名的特色果蔬小镇，当地政府农业技术服务中心专门成立了农业旅游发展有限公司（下文简称“农旅公司”），帮忙树典型、打品牌、通渠道、赚吆喝，黄金小玉米、徐市葡萄、仙客来草莓、筒管玉丝瓜、樱桃番茄等一批特色农产品就被打造成了远近闻名的“董浜乡情十二品”。

“第一年我们承包了25亩地，今年已经扩大到50亩了。这里以前是一片荒地，我把它改造成了十几座大棚，主要种植生态草莓和黄金小玉米。”李君介绍道。2017年3月，他们得知距离基地不到2公里有一块50亩的土地要流转，虽然土质不算好，田地荒芜，宁君笑着说“往那一站，杂草比我还高！”但是李君一咬牙，下决心，“不管荒不荒，地先拿下来！”仅仅一年多的努力，他们的农产品已经供货到了当地最大的超市，而外地的业务和网络销售业务也在不断地发展中。

出身农村的夫妻俩，对土地都有格外的感情。而这种感情，又通常是难以为现代年轻人所理解的。据宁君回忆，拿到地之后，除草、养地、铺设水肥设施就用了大半年。比她个头还高的杂草要除，水管、肥料管道要铺，土质不行，要重新翻地建垄。为了节约成本，这些都是小夫妻俩自己忙活。

半年不到的时间，原本皮肤白嫩的李君一下子就变成了个“小黑炭”；而宁君的父亲从山东赶来看女儿，看到原本都分不清镰刀和锄头的云霞满腿泥巴，一下子急了，“丫头，你做什么不好，我都做不了农民了，你还要做农民？”宁君回忆说，前两年，自己和弟妹都在外面上学，家里剩下田地，就是老两口种着，虽然收割灌溉等都由机械完成，劳动力不够的时候，孩子们会回来帮忙，还可以找人帮忙，但老人还是很累。现在，响应国家的政策，搞土地流转，老家的土地全部流转出去了。照理说，父母应该感到高兴，现在既不用为种地操劳了，还有土地租金可以拿，空闲的时间多了，也可以带上孙子，享受天伦之乐而安度晚年了。

然而事实并不是这样，父母似乎并不是很开心。他们一方面担心土地租金不能按时给付，另一方面，没地可种了，人倒是轻松了，心情却好不起来。这也是这对返乡创业群体小夫妻所在村庄中很多农户的“土地情结”。现在，大爷大妈没有田种了，蹲在那里着急啊。以前有事儿没事儿到田里做作，每天能做，种田都习惯了。老头子老奶奶，没事就会去田里地里看看，心情里带着无奈和伤感。田地，在他们看来，是做了一辈子的事儿，它不仅提供了粮食，保障了生活，还是老农们的一种生活方式。每天都到田里做做，成为习惯了，这既是一种劳作的要求，是一个农民自然而然的行为，同时，在这每日的劳作中，形成了他们的习惯，进而成为他们的生活方式。种田，不再是单纯地为获得粮食而劳动了，而且还是农民的生活意义，是他们的生活中必需的一个元素。

因此，离开了土地，离开了农活，对农村人来说，不仅意味着离开了繁重的劳作，也意味着改变了他们的生活方式。日复一日，年复一年的农作，让他们养成了与土地紧密相连的生活习惯，土地承载了他们的希望，他们的梦想，他们的安心，他们的休闲，还有他们的苦痛——当有一天抛弃土地的时候，只要他们觉得自己还有劳作的能力，他们的心情怎么会如我们想象的那样好呢？离开土地的那一天，也就是他们转变生活方式的那一天，是面对新的苦闷的一天。

同样拥有“小农心态”的李君和宁君听了，鼻子发酸。回首从陪伴考研，到如今为了“农场梦”一同打拼，他们也说不清到底是怎样的一股子拗劲儿就让俩人咬牙坚持了下来。白手起家，缺什么工具，就借什么；什么不会，就去学什么。宁君嘴甜勤快、李君踏实肯干，周边农户常常主动过来，帮他们搭把手。

中国人的“土地情结”，正如费孝通先生所说“农民的半截身子是插在土中的”。对于返乡创业群体而言，生活于其中的村庄不仅是一个物质世界，而且是一个意义的世界。在这样的世界中，返乡创业群体的行为目的就不仅在于获取物质性利益，而且希望得到价值性收益。随着乡村社会的半熟人社会化，从农村进城务工经商的人们很难从城市获得归属感。乡村生活能够为返乡创业群体提供“生从何来、死向何处”的想象，农村的个体生存状态与村庄时空之间建立了有机联系，既塑造了农民个体生命意识，也赋予了生活价值，还能够制造出社会道德规范。乡村不仅象征一种与城市相隔离的生活空间，也象征一种与之相异的生活方式和价值选择。村庄具备的生产价值和意义的能力，事关农民的福利和尊严，事关基层社会秩序，事关精神文明发展。

二 文化自觉

从本科开始就在心里种下“农场梦”的李君，早就选定了走农业这条路，小时候就看老家农民种地，辛苦种出来的蔬菜卖不出好价钱，很多都烂在地里；长期施用化肥，土壤板结非常严重，土壤质量越来越差。“想做自己的生态农场，种出安全、优质的农产品。”李君道出了农场创业的初衷，这也促使他在报考研究生时，选择了南京农业大学“生防微生物方向”。

据他的导师，南京农业大学植物保护学院高老师介绍，“微生物种植”的理念是“以菌促生、以菌抑菌”，就是利用作物种植过程中自然界的有益菌种，做成生物肥料，用来促进作物生长、防治病害，同时减少化肥农药的使用，实现土地可持续生产。李君想将学校学来的技术理念与当地特色果蔬种植结合，使用微生物和富硒肥进行农业生产，改变周边农户传统的种植方式。2017 年 9 月，忙活了大半年的李君和宁君，收获了第一茬“黄金小玉米”，每亩产量约 300 斤，通过“农旅公司”的微商平台，打上了“硕士黄金玉米”的品牌，不到 6 天就卖了 800 斤，收益 6000 多元。

李君说，在这些交往和沟通中，他常常对返乡创业群体的“自觉”感到惊讶。这些自觉，有一个共同的地方，那就是对后果的计算后达成的“自觉”，它既不是一种传统意义上的自觉性，也不是文化上的自觉，而是考虑后果后的自觉行动，类似于韦伯所讲的“目的理性行为”；不再是具体行动上的考虑，而内化为一种日常生活的意识了。

2020 年春节刚过，正是玉米播种的季节，曾经笑话李君不施农药化肥，是个“书呆子硕士”的隔壁农户王叔，竟然主动跑来向他要种子、要方法，“我想按你的方法，先种个 1 亩地试试！”李君毫不吝啬地拿来种子，告诉王叔，微生物有机肥配施化肥，化肥能减施 30%，再种第二茬，就可减 50%。在他看来，要改变农户的传统种植理念，只能靠示范，农户只有看到能赚钱，才会跟着去种。“我的农场梦，就是从一点点开始，慢慢改变传统的种植理念和方式。”

在返乡创业群体的意识中也发现，在以经济利益为纽带的理性自觉形成的同时，还有对文化意识的觉醒。返乡创业群体小夫妻所在的村庄，也是一个富有历史的村庄，返乡创业群体一般都熟知这个村庄的形成过程，也知道他们从哪里搬迁过来的。这里的人知道它的来历，他们也对这个遗迹和它身后的历史保持基本的敬畏，仿佛那些承载厚重历史的器物，在他们眼中远远不只是一块石头、一座破房子、一块石板而已。这种对历史的知晓和敬畏，既包涵过去，也意味着当下。

农民的自觉一般包括上述两种“理性自觉和文化自觉”，意在说明，这些不仅仅是停留在口头和宣传中，已经很大程度上转化为农民面对日常生活实践的一种思维形式，即某种意义上的“内化”，更重要的是成为他们的一种行动取向，日益融入实际行为中。在返乡创业群体融入村庄的相处模式中，农民的自觉，是在这种时空条件下经过多种现实实践的洗礼逐渐形成，日益复杂的社会和难以预测的风险，再加上各种现代性的冲击，农民也逐渐意识到了在转变的社会中自己的处境和位置。对这种个人在社会群体和时代进程中的处境的认知，无疑在慢慢地深入，这何尝不是一种进步？社会变迁形成的滚滚洪流，席卷所有身处其中的人一道奔向远方，而对于意识到自己这种处境的人来说，他将更有可能在这种洪流中占据主动，不至于永远被裹挟前行。

三　规模化经营

半年不到的时间，李君的袋子里就集齐了拖拉机证、无人机植保证等多个农技证书，上天玩得转无人机，下地使得动拖拉机。地翻好了，要进行灌溉，地里水肥设施老化，水管很细，一遇上淤泥就会堵住，7、8 月的酷暑天，正是玉米拔节抽穗的时候，哪能经得起这样的一开一停。白天周边农户用水量大，水压不足李君只得在凌晨一两点爬起，套个电筒在头上，手动疏通水管，“贪黑”忙活了一个月。玉米成熟的 9 月，恰逢李君到市里考农机证，有时候玉米全靠宁君一个人采摘、装箱、包装，小个子的她早上 4：30 就起床，忙起来水都顾不上喝一口，刚来 D 镇时，连镰刀和锄头都分不清的她，竟然一天打包了 70 多箱。

这些体力上的活儿小两口能扛，但是市场上的事儿就让他俩没底了。现在最让宁君困惑的，就是产品流通中的“信息不对称”，好产品该向哪些人卖？想买的受众又不知哪里能买到。在产品流通中，他们不想走父辈祖辈的老路，统一批发给中间商贩，获利极低，还得不到一手的市场反馈；凭借在南京农业大学（常熟）新农村发展研究院积累的经验，他们通过已经积累了良好口碑的微商电商平台，尽可能地到达目标受众。

当然，毕竟规模有限，面对市场上突如其来的新品种，品质上说得去，价格上又有优势，他们就有些不知所措了，宁君说，“虽然预估了种种可能的市场风险，但是风浪真的来了，我们这艘小船还是有些招架不住”。“既要做品质，也要做品牌！”这是师傅寄于夫妻俩的期望，如今的农产品市场，不仅要“种得好”，还要“讲得好”，讲出产品的故事，这样才能“达得到”受众。借助电商平台，小夫妻俩注册了自己的微信公众号，计划打响微生物富硒品牌“锄硒”。

2020 年，江苏省出台意见，鼓励高校毕业生兴办家庭农场，培养现代青年农场主。“政策上，希望国家和地方政府能有更多适合年轻农场主的配套举措。”宁君说，毕竟对于刚刚起步的“新农人”而言，资源、经验都还有限，追梦路上需要“扶一把”，“未来，希望能有更多怀抱初心的年轻人加入，做好规模化经营、助力乡村振兴”。

规模化经营，是很多关心农村经济发展的人十分重视的问题，许多人希望通过规模化经营盘活农村经济，特别是鼓励小农联合起来形成组织来发展农村经济或者实现某种经营形式的规模化，以达到规模效益。从市场经济角度来看，它能够将分散的小农联合起来运作，或者使个体的农民强大起来，从而带动整个村庄的经济发展。然而，提倡和鼓励规模化经营已经很久了，无论是政府还是其他关心农村发展的各界都做出了极大地努力和呼吁，事实上，规模化经营在农村的发展依然并不是十分理想。

首先，规模化经营风险巨大，风险分担机制缺位。规模化经营，必然要涉及众多资金、财务、人力的配置，这对于习惯了家庭小农经营的农民来说，在心理上就已经是个难过的关。市场经济的残酷现实，让不熟悉市场运作的农民更是难以接受辛辛苦苦的工作却无法赚钱甚至亏本的现实。巨大风险成为规模化经营的一大制约。很多农民谈到为何不扩大规模的时候就讲“风险太大，而政府的政策难以惠及”。

其次，乡村组织不力，配套机制不完善。在农村发展规模化经营，是一个打破传统小农经营定式的创造性行为，而这必须要求有完善的机制和强有力的组织保障。而在农村推广规模化经营实践中，乡村难以有效地配合形成健全的组织、班子以促进规模化经营的实现。

最后，小农的知足心理是另一个困境。中国农民在适应自然环境和社会环境而求生存发展的过程中，逐渐形成了特有的小农心理，其中知足是为一典型。即使拥有较好的市场、良好的技术支持和便利的村庄环境，农户往往不愿意扩大规模，他们认为“这样挺好的，赚钱不少了，搞大了，虽然赚钱多了，麻烦也多了，我们没想过要扩大规模”。

笔者在观察中发现，农村因为强有力的领导班子和十分完善的机制和政策支持，大规模集中土地从事经济作物的种植，取得了一定的成效。与之相比，家户单独的小范围地从事着种植业等经营活动要成为规模化经营的形态，特别是对于大多数返乡创业群体来说，有着诸多的困境需要解决。农村规模化经营要在广大的农村大范围实现，需要政府和相关部门做出更大的努力。我们更应当看到，在发展经济的同时，也应当在农村文化上做些文章，仅有经济层面的制度和政策是不够的，在面对巨大的市场经济的时候，转变的不应当只是发展经济的思路，还应当有相应的文化政策。

四　公地悲剧

“家庭农场”男主人李君出生在农村，深知传统农业种植方式存在弊端，想要用更科学生态的方式进行农业种植，“我想做自己的生态农场，种出安全、优质的农产品。”因此在报考研究生时，他选择了南京农业大学“生防微生物方向”，决心为自己的“农场梦”打好知识基础。“微生物种植”的理念是“以菌促生、以菌抑菌”，就是利用作物种植过程中自然界的有益菌种，做成生物肥料，促进作物生长，防治病害，同时减少化肥农药的使用，实现土地可持续生产。有了学校里的理论还不够，实践才能检验真知。

9月，忙活了大半年的李君和宁君，收获了第一茬“黄金小玉米”。李君很得意，在他看来，要改变农户的传统种植理念，只能靠示范。但宁君算了算账却发现，这茬玉米几乎没赚钱。“拿到地以后，除草、养地、铺设水肥设施就花了大半年。”种完玉米以后，农场又收获了第一茬番茄，但放了两天，摸起来还是硬邦邦的。一个收货商过来，边挑边叹气：“东西不错，但摸上去像没熟，顾客不敢买呀。”李君站在一旁不吱声，番茄种子是他以200元一包的价格买的，为什么“叫好不叫座”呢？他拍了张照片发给“师傅”顾君。顾君一看就明白了：“常熟气候与种子的产地河南不同，你应该挑早熟品种。”

一头有师傅“领进门”，一头有政策“亮绿灯”。今年两会，习近平总书记强调，要引进职业农民，让大学生主动回乡务农，使农业成为“有奔头”的产业。常熟市D镇镇长王先生介绍，镇上今年计划在南农大常熟新农村发展研究院附近，开辟150亩的大学生创新创业孵化基地，专门培育有潜力的项目，每个项目占地3~5亩，由政府提供农场配套设施、集中住宿以及青年创业社区，李君、宁君的项目有望首批入驻。

说起这项“好政策”，李君和宁君可是太有感慨了。记得刚到这个村庄，他们就被一排排的两层小楼所吸引，不由相互感叹这里人生活真好！可是走不久，便发现了许多问题。这聚居的村庄里，到处都是垃圾，很多家门口和路边都长满了野草，透过一些被压坏的下水道的盖板，看到下水道都已经被垃圾污泥淤积。

这不能不令人感到惊讶，特别是看到周围都是两层“豪宅”，就更能产生强烈的对比了。在村庄北头有块空地，空地上堆满了垃圾，苍蝇肆意飞舞。而空地正对面是一家小卖部，每天都有不少中老年人在傍晚时分聚集到小卖部门口和空地之间的路边“喷火”（聊天的意思），他们谈笑风生，似乎对旁边的垃圾堆全然不知。他们问返乡创业群体，返乡创业群体说“无所谓，到处都一样嘛”，再问“为什么把垃圾扔这里呢”，返乡创业群体很干脆地回答“这是公家地，没人管嘛”。

这样的事情原本属于村庄的公共事务，需要大家都行动起来，共同清理和维护。但在很多村庄，这成了主任的事儿，其隐含的意思是，这是村里面的事情，是公家的事情，不是我的事情。我们可以说，这是“公”的领域在扩展，而“私”的领域在收缩，与此同时，公德心在丧失，集体感在丧失，公家事情越来越不如私人的事情重要了。

李君说，他们“招兵买马、做大做强”的梦想遭遇的主要困境，就是在于这种“公地的悲剧”，是农民无法合作起来争取利益，因为这种利益不一定直接为自己所得。对于丧失集体感又在市场促进下不断理性化的农民，更关心的不是集体的利益，而是自己能否直接地快速地获取实在的利益，否则很难让他们行动起来。

五 时间感

“干农业，没有个三五年，皮毛都学不到！”快60岁的农业技师顾君是常熟D镇出了名的农技专家，田里的瓜果蔬菜，经过他一掐一望，收成、品质立马不一样。在地里“摸爬滚打”了 30 年，听说一对研究生刚毕业的“90 后”小夫妻要来“拜师”，不免起了疑虑：年纪轻轻，好大学研究生毕业，自己创业做农场，顾君是头一回遇上。

就是因为这些因素，顾君一开始担心小夫妻俩坚持不下来，理论知识与田间经验不是一回事儿，每年的气候环境都不一样，没有固定的模板，就是要靠积累经验。“虫靠治，病靠防。”隔着屏幕，顾耀忠追问病虫害的问题，宁君下地一看，的确有些果子上能看出病害。“农场规模不大，一切都刚刚起步，资源、经验都太有限。”

好在顾耀忠最终还是接受了李君和宁君，愿意收他们当“徒弟”。2017 年冬至这一天，他们举行了正式的“拜师仪式”，宁君从师傅手中接过一本厚厚的册子，翻看一看，是师傅 30 年来积累下来的农技经验，从起陇、盖膜、埋种到销售，一整套的田间管理“秘籍”。顾耀忠说，“（搞农业）不光是外科医生，要做全科医生！”

我们常说一个人没有时间观念，一般是说他不守时或者不注意节约时间。然而，在顾师傅的口中屡屡说起农民是“没有时间观念的”，细细一想，这倒是一个很有意思的问题。

说农民没有时间观念，在“我们”的意义上是正确的。深受城市文化和现代生活熏陶的我们，在面对农民迟缓的行动节奏和混乱的时间记忆的时候，不免会很快得出一个结论：农民没有时间观念。“农民没有时间观念”在现代似乎已是一个公认的事实了，以至于很多人在做文章的时候，有意无意地将农民刻画成了一个时间的浪费者——他们肆意地消耗时间，却不知道时间就是金钱，时间就是生命；他们落后、愚昧，永远跟不上现代社会的步伐。

然而，当我们沉下心仔细地想想，换个角度或者换个思维方式来看这个问题的时候，却会有另一种解释。以我们的时间观念来规范农民的行为，自然会得出他们没有时间观念的结论；但当我们去理解他们的时间观念和生产生活结构的时候，却可以发现他们的时间观念，从而理解农民的时间感问题。

农民的时间感是指：农民对于时间的一系列看法和心理感受的综合，它引导着农民的行为和思维。对比现代时间观念——以时钟为计时方式进而深入现代人心灵的时间流的烙印——和农村的时间感。

这种时间感中，根本的是一种人的心灵对于时间的感知，而这种感知必须落实在意象之上才能得到表达。这种感知构成一种心灵的结构，从而结构性地隐喻农业生产和农民生活的内在构成。我们最终可以发现，人心灵中存在的时间感与自然和物理时间能否交流并相互以共享，成为传统时间与现代时间最根本的区别。现代时间从人心灵空间的脱离和独立，是理性得以发展和现代性得以产生的一个重要原因。

在对返乡创业群体小夫妻的调研中，当访谈到关于村庄的记忆时，两人总是很难记忆某件事情是发生在哪一年，在 2017 年还是 2018 年，但是他们却很准确地记得村庄大事发生的顺序，以及前后在农历上的时间差。对比现代时间观念，农民的时间观念，则是在传统农业生产方式和传统社会制度的双重作用之下形成的。

六　小结

土地情结、文化自觉、规模化经营、公地悲剧、时间感，在这五个意象的萦绕之下，返乡创业群体往往利用时间来记忆时间，以伸缩灵活的事件表述来表达时间。而事件本身的意义则又构成时间记忆的意义中重要的一部分，通过对事件意义的串联，形成完整的记忆和时间体系。

在发生巨变的当下农村，现代性长驱直入，已经在逐渐改变农民的家园。毋庸置疑的是，现代性深刻地冲击传统性并剧烈地改变着当下的中国农村。以事件为基础意象，将自然与心灵交流后形成的灵活且有总体规律的时间融合到独有的记忆体系中，构成一个整体的时间记忆。或许在不久的未来，返乡创业群体能够在变迁时代留下的蛛丝马迹中重构村庄的精神家园，并且积极地呈现一种现代性的面貌。

结论与展望

如今，返乡创业群体这一独特的群体，以一种“更加倾向于乡村”的姿态，引领发现乡村价值、实现乡村人力资本革命的重要风潮。然而，在“流出”与“回归”并存的现实环境中，返乡创业群体也感受到了各种压力与困境。比如，他们在返乡创业时遭遇到了诸如政策限制、资金不足、“水土不服”等现实困境，则需要社会、政府及政策机构提供一系列解困之道。

一 “乡村价值”的实现

费孝通先生曾经准确地把握中国农村的基本问题是“人民的饥饿问题”，而返乡创业群体现象所提出来的一个现代问题是“返乡创业群体的幸福问题”。这种幸福感，以“人的全面发展”为核心。如果说在“主体性回归”中，市场以一只看不见的手重新配置了城乡资源，那么返乡创业群体在返乡创业时遇到的资金不足、技术限制、“水土不服”等现实困境，则需要构建“政府主导、多元参与”的乡村建设框架，以解决返乡创业群体在城乡融合时的“短板效应”。

（一）大写的“人”字

乡村振兴是美丽乡村建设的转型升级版，也需要乡村中“人”的要素方方面面的全面振兴。“人”的要素充分流动和发挥，需要依托村社制度规范的建立。某个社区内的有效规范能够引导或制约人们的行动，从而成为对个人行动有影响的社会资本。顶层设计十分重要，但是基层也不能仅仅对政策表现出“等要靠”的态度，必须从人的角度主动突破，发挥人的关键和带动作用。按照某位返乡创业群体的说法：“城里人往乡下跑，农民工返乡，企业家进村，人气旺了，财气就旺了，富了的美丽乡村才有生气。”

不少返乡创业群体表示，目前乡村急缺懂现代种植的职业农民，这样的人才在经济发展中非常关键。尤其是农业企业家、乡村职业经理人和新型农村工人，这些人才的缺口造成了返乡创业群体在返乡创业中的种种困境。

农民工返乡创业是一个趋势。一方面，人数越来越多，另一方面，有热情、随大流、“跟风农民”居多，具备专业知识、市场头脑和经济资源的“现代农民”较少。在对T镇的返乡创业群体调研中，就有部分返乡创业群体对市场行情不熟悉、不了解，盲目投入资金、承包一片地搞种植养殖，最后导致资源浪费。

（二）新政策与新秩序

公共政策就是对社会价值的重新分配。乡村规划、建设和管理需要克服过去“重建设、轻管理”的现象。返乡创业群体给乡村治理带来了新的生命，通过激发社会活力、发挥人的主体性，在带来产业、技术利好消息的同时，也带来了城市先进的管理经验。

有关部门需要提高返乡创业群体的动态管理水平，利用现代信息技术推动城镇管理数字化。返乡创业群体的发展与壮大，亟须建立一支专业的管理队伍，探索管理返乡创业群体的新方法和新思维，加强有效管理，充分发挥乡镇和城市的联动作用，动员多主体、多环节、全方位地积极参与乡村治理。

返乡创业群体的管理也需要突出配套基础设施原则，为他们扎根乡村提供良好的配套。农村城镇化的道路、排水、供电、通信、园林绿化、商贸金融、科教文卫体等设施需要进行统一规划、完善配套，把握宏观调控，促进乡村的城镇化发展，在此基础上建设良性循环。鼓励返乡创业群体返乡的同时也要尽可能结合当地特色来制定政策，构建包括“培训、信息共享、专家库、网站、人员互通”的服务支持系统，必须使面向返乡创业群体的乡村规划具有政策指导性和可操作性。

为了鼓励返乡创业群体返乡创业，国家出台了一系列鼓励支持政策，然而不少“城归”均表示“上有政策，下有对策”，许多扶持政策遭遇“玻璃门”现象，真正落地生根、有所裨益的不多。村庄文化难以将“外来者”和“本土派”融为一体，返乡创业群体之间也难以共享共同的生产文化和信仰文化。

返乡创业群体吴某，自从返乡那天起，就开始为团队成员在农村的住所发愁。这些“外来者”在农村没住房，住在临时搭建的简易棚户或者集装箱里，条件非常简陋。然而政策方面有规定，允许返乡创业人员和当地农民合作改建自住房。

而在实际生活中，农村宅基地使用权和所有权是分开的，如果返乡创业人员户口不在村里，就无权获得宅基地承包权。因此合作改建自助房，权属如何划定是一个关键问题。既不能控制得太严，防止政策难以产生效力，无法改善返乡创业群体的居住条件；也不能放得太宽，因为可能会出现城里人涌向乡村，在村庄里建小产权房会使社会秩序变得混乱。

（三）资本的“最后一公里”

银行贷款申请难、争取财政项目资金难都是返乡创业群体创业面临的困境。银行贷款申请需要有产权证的房产物品抵押，或者至少有两个公职人员做担保。然而对于返乡创业群体来说，很多人难以找到公职人员做担保，而农业设施和农房都没有产权，因为无法抵押，所以贷款无望。

返乡创业群体们争取项目资金也经常会遇到“产业扶贫资金难以对接”的困境。某返乡创业群体试图通过返乡种植大棚蔬菜，既可以帮助乡亲们脱贫，也可以实现自己“田保姆”的种田梦。在投入300万元进行基础设施建设后，项目资金链跟不上，却无法获得乡镇政府的资金支持，因为政策规定，“扶贫资金只能用在异地搬迁、光伏发电和村庄美化”中。

返乡创业群体在返乡创业中遭遇的“最后一公里”梗阻，还表现为各地的扶持鼓励政策各自为政，难以在社保缴费、医疗保障方面实现对农村就业人员的全覆盖。各地的鼓励扶持政策需要细化，推动简政放权在基层全面落地，适时调整相关农村土地、农业金融和社会保障领域的法律法规，做到明确创业主体、扶持创业政策、引导返乡创业、规范创业行为。

（四）“小而美”的乡村

在传统乡村的发展意识中，农民总是与“农耕”“土地”捆绑在一起，很少进行规划。根据“主体性理论”中，在一定空间里内存在的社区，在生产与生活的驱动下，进行自组织活动与运行，正如亨利·列斐伏尔所言“空间的社会关系和社会秩序重构”。城乡一体化进程中，需要进一步加强顶层设计，高度重视规划，特别是加强乡村社会的“社区”建设。很多人认为，解决乡村问题、实现乡村振兴，需要创新社区建设思路，表现为一种“小而美”的乡村。

乡村的城镇化建设和乡村重建，也需要进一步加强推进、有力布局和科学规划。在人口的“逆城市化”流动中，需要将人口流动和产业规划融合在一起，并且形成城镇一盘棋、城市和乡村相互呼应的综合开发、社区的因地制宜和配套建设。

在返乡创业群体的流动过程中，要重视人口、资源和环境的协调发展，做出好的人口和产业规划，加强社区建设中的必要的可行性论证。某些返乡创业群体的返乡创业项目，融资政策也需要进一步细化和加强。相关部门需要借鉴商业银行考核小微企业贷款指标的做法，加强对涉农金融机构的考核，加强返乡创业扶持力度。

乡村的社区建设，还需要进一步解读乡村价值，构建一种“小而美”的乡村。罗尔斯顿认为，在城市、农村与荒野这三种环境中，农村能扮演让我们思考文化与自然问题的重要角色。乡村的社区建设可以利用乡村旅游、农家乐和田园综合等发展方式，改变过去集中住楼房、无处安置农业、无处建设农家院落的破败景象，不搞过分集中、小规模、组团式、微田园、生态化，造就各美其美的新村。这就需要进一步加强社区建设，最大程度保留乡村特有的文化结构和社会生态，实现乡村社区的产业兴旺和治理有效。

二　返乡创业群体的类型及其遭遇的困境

自 2017 年起，笔者每年都用约两个月的时间在江苏省具有典型返乡创业群体现象的村庄进行调研。比如，宿迁沭阳“花木之乡”的返乡创业群体与江宁黄龙岘的“返乡创业群体一条街”。随着调研区域的扩展与调研时间的拉长，通过对乡镇干部、村两委成员、大学生村官、明星企业负责人及普通返乡创业群体的访谈调研，笔者形成了分析返乡创业群体基本类型及其遭遇困境的事实基础，并归纳出三种类型的返乡创业群体及其面临的三类现实困境。

第一，政治稳压型返乡创业群体遭遇“政策玻璃门”。现任某村村支部书记的 Z 君，曾经在南京、苏州等地自主创业，当他积累了一定的资本后，就回乡竞选了村支部书记。他的回归，对于村庄的政治与经济建设都起到了稳压器的作用。但是，自从他回归的那天起，就开始为创业团队与成员在乡村的住所而发愁。为了鼓励返乡创业群体返乡创业，国家出台了一系列鼓励支持政策，然而不少返乡创业群体均表示“上有政策，下有对策”的现象还比较严重，换言之，国家的许多扶持政策常常遭遇“玻璃门”困境，而真正落地乡村的政策却并不多。在调研中，笔者发现，部分“回归者”在乡村没有固定居所，往往都是住在临时搭建的简易棚户或者集装箱里，条件非常简陋。在实际生活中，农村宅基地使用权和所有权是分开的，如果返乡创业人员户口不在村里，就无法获得宅基地建房，而合作改建自助房，权属如何划定也是一个关键问题。

第二，经济挂帅型返乡创业群体遭遇资本的“最后一公里”。花木种植大户H君表示，在招商引资过程中，遇到了银行贷款申请难、争取财政项目资金难等问题。因为，银行贷款申请需要有产权证的房产物品抵押，或者至少有两个公职人员做担保。而现实困境是：难以找到公职人员做担保，而他们经营的农业设施和农房都没有产权，所以无法抵押，贷款无望。另外，返乡创业群体在争取项目资金时，也经常会遇到“产业扶贫资金难以对接”的困境。H君试图通过返乡种植大棚蔬菜，既可以帮助乡亲脱贫，也可以实现自己“田保姆”的种田梦。他在投入300万元进行基础设施建设以后，项目资金链跟不上，却无法获得乡镇政府的资金支持，因为政策规定，“扶贫资金只能用在异地搬迁、光伏发电和村庄美化”中。

第三，知识精英型返乡创业群体遭遇“人才断层”。在江宁黄龙岘村的大学生返乡创业群体都表示，乡村需要培育一批能人和有一技之长的“新型农民”。按照某位返乡创业群体的说法：“城里人往乡下跑，农民工返乡，企业家进村，人气旺了，财气就旺了，富了的美丽乡村，才有生气。”但是目前，乡村急缺懂现代种植的职业农民，这样的人才在经济发展中非常关键；尤其是农业企业家、乡村职业经理人和新型职业农民。乡村人才的短缺造成了返乡创业群体在返乡创业中，由于缺少人力与人才资源的支持而陷入种种困境。当前，农民工返乡创业虽然是一个趋势，但是，在人数越来越多的同时，随大流、“跟风农民”也居多，而具备专业知识、市场头脑和经济资本的“现代农民”较少。笔者在对返乡创业群体的调研中，就发现有部分返乡创业群体者对市场行情不熟悉、不了解，盲目投入资金，承包一片地搞种植、养殖，最后导致资源浪费。

三　为乡村“人的回归”解除困境

要实现乡村振兴，必须有人，也必须依托于人；而返乡创业群体就是一种可以依托的主体性力量；因此，我们必须为返乡创业群体解除各种困境。

第一，政策上的“顶层设计”需要落地。中央政府在精准扶贫、乡村基础设施、特色小镇、乡村特色产业化，以及乡村振兴等发展战略上的一系列顶层制度设计，在向社会释放土地、户籍、金融等多种多样的“乡土红利”。但是，笔者在调研中发现，基层政府对中央战略与政策的理解可能会出现偏差，或者地方政府面临政策执行上的难度，致使中央政府的顶层政策设计难以落地。

第二，创业的“资金短缺”需要突破。乡村创业、土地流转、基础设施建设、设备购置等创业行动，都需要大量前期的资金投入，其特点是周期长和见效慢。在笔者对返乡创业群体的调研中，在有些返乡创业群体领头项目中，返乡创业群体和村集体都是只收现金，不接受入股合作；这恰恰是返乡创业群体在资金上难以负担的。这也证明了学术界所强调的乡村“生存理性”特征，因为支配小农经济行为的主导动机原则是“安全第一”和极力“避免风险”。而在某些乡村地区，甚至出现了让人警惕的现象，即有人借鼓励下乡创业之机，携资本低成本圈地，让土地流转非粮化。而土地是乡村资源的核心要素，也是吸引返乡创业群体回乡创业的有力基础。

在乡村产业发展中，基层政府承担战略实现的协调者角色，换言之，基层政府需要在返乡创业群体、金融机构与市场组织之间进行战略协调，以满足返乡创业群体对创业资本的需求。而且，返乡创业群体对于市场信息的敏锐性，有助于在金融机构和市场组织之间形成紧密的利益共生关系，可以降低农产品的“交易成本”。返乡创业群体希望产品卖个好价钱与增加收入，而市场机构则希望能够买到稳定、可靠的原材料，双方各取所需，这其中，返乡创业群体不失为一个协调者的角色。

返乡创业群体既是一种社会现象，也是一个社会群体的特征，更是中国社会经济发展的产物。返乡创业群体在知识、技术、信息、市场、资源及财力等方面都具有“返乡创业群体领头雁”的角色。在城市经济的多年经营中，返乡创业群体多多少少积累了乡村所需要的资源与要素；在乡村治理实践中，返乡创业群体也具有一定的影响力和号召力，从而可以带动一批“懂市场、重规则”的新型农民逐步成长，以促进乡村的现代化与法治化。对于乡村振兴而言，返乡创业群体也会以一种新形势下的“乡贤”身份，引领重新发现乡村价值、回归人与生态环境社会和谐的新风尚。

参考文献

蔡昉：《中国人口与劳动问题报告》，社会科学文献出版社，2011。

陈国强：《简明文化人类学词典》，浙江人民出版社，1990。

池子华：《中国流民史》（近代史），安徽人民出版社，2003。

〔澳〕大卫·弗罗伊登博格：《中国应走后现代农业之路》，《现代哲学》2009年第1期。

董磊明：《农村调解机制的语境化理解与区域比较研究》，《社会科学辑刊》2014年第1期。

杜赞奇：《文化、权力与国家》，王福明译，江苏人民出版社，1996。

樊平：《“草根”民主走向制度化》，《中国改革》2013年第12期。

范瑜、贺雪峰：《返乡创业群体自治的村庄基础与政策后果》，http://www.ccrs.org.cn，2003年4月27日。

费孝通：《乡土中国》，江苏文化出版社，2007。

费孝通、张之毅：《云南三村》，社会科学文献出版社，1998。

《冯契文集》（第1卷），《认识世界与认识自己》，华东师范大学出版社，1996。

弗朗西斯·福山：《信任：社会道德与繁荣的创造》，远方出版社，1998。

弗里德曼：《中国东南的宗族组织》，刘晓春译，上海人民出版社，2000。

福柯：《规训与惩罚》，刘北成、杨远婴译，三联书店，1999。

甘阳：《乡土中国重建与中国文化前景》，《90年代思想文选》，广西人民出版社，1998。

葛笑如：《农民工参与流入地基层民主政治的行动逻辑——以苏南农村为例》，《湖北社会科学》2015年第12期。

苟天来等：《空心村社会网络的重建逻辑》，《广西民族大学学报》（哲学社会科学版）2012年第6期。

郭晓鸣、周小娟:《老一代农民工:返乡之后的生存与发展——基于四川省309位返乡老一代农民工的问卷分析》,《中国农村经济》2013年第10期。

郭于华、孙立平:《诉苦:一种农民国家观念形成的中介机制》,《新史学:多学科对话的图景》,中国人民大学出版社,2005。

郭正林:《农村权力结构的民主转型》,《中山大学学报》2004年第1期。

郝启新:《"民工潮"促"创业潮"、"开发潮"、"建城潮"》,《中山大学学报》2005年第3期。

贺丹:《新时代乡村人口流动规律与社会治理的路径选择》,《国家行政学院学报》2018年第3期。

贺雪峰:《乡村治理的社会基础》,中国社会科学出版社,2003。

贺雪峰:《新乡土中国》,广西师范大学出版社,2003。

亨廷顿:《变化社会中的政治秩序》,三联书店出版社,1989。

胡鹏辉、高继波:《新乡贤:内涵、作用与偏误规避》,《南京农业大学学报》(社会科学版)2017年第1期。

黄宗智:《华北的小农经济与社会变迁》,中华书局,2002。

江立华、卢飞:《农民工返乡消费与乡村社会关系的再嵌入》,《学术研究》2015年第3期。

金太军:《村级治理中的精英分析》,《齐鲁学刊》2002年第5期。

景军:《知识、组织与象征资本》,上海人民出版社,1997。

郎友兴:《民主政治的塑造:政治精英与中国乡村民主》,《浙江学刊》2002年第2期。

雷洪、赵晓歌:《返乡创业群体现象:主体特征、形成机理与生成逻辑》,《河南师范大学学报》(哲学社会科学版)2017年第4期。

李培林:《民工:中国进城农民工的经济社会分析》,社会科学文献出版社,2003。

李培林:《农民工——中国进城农民工的经济社会分析》,社会科学文献出版社,2003。

李强:《转型期的中国社会分层结构》,黑龙江人民出版社,2002。

李伟中、陈坤:《从"厅堂天下"到"空心村"》,《晋阳学刊》2009年第6期。

李义天:《共同体与政治团结》,社会科学文献出版社,2011。

厉以宁：《返乡创业群体将成为新的人口红利》，《理论与当代》2017年第2期。

梁漱溟：《梁漱溟全集》（第三卷），山东人民出版社，2006。

林少敏：《从"乡土"走向"现代"——中国农村社会秩序的变迁与选择》，《东南学术》1999年第3期。

林少敏：《中国乡土礼治秩序在当代的走势》，《福建论坛》（经社版）1999年第4期。

林修果、谢秋运：《返乡创业群体精英与村庄政治》，《福建师范大学学报》（哲学社会科学版）2004年第3期。

林耀华：《中国家族制度的社会学研究》，庄孔韶、林宗成译，三联书店，2002年。

刘祖云、孔德斌：《乡村软治理：一个新的学术命题》，《华中师范大学学报》（人文社会科学版）2013年第3期。

刘祖云：《行政伦理关系研究》，人民出版社，2007。

刘祖云等：《由"碎片化"走向"组织化"——中国新农村建设的战略构想》，《社会科学》2007年第6期。

陆学艺主编《内发的村庄》，社会科学文献出版社，2001。

麻国庆：《比较社会学：社会学与人类学的互动》，《民族研究》2010年第6期。

《马克思恩格斯全集》第46卷（下），人民出版社，1980。

《马克思恩格斯选集》第4卷，人民出版社，1995。

玛什卡：《司法和国家权力的多种面孔》，郑戈译，中国政法大学出版社，2004。

乔纳斯·特纳、简·斯戴兹：《情感社会学》，孙俊才、文军译，上海人民出版社，2007。

全志辉：《村庄权力结构的三层分析》，《中国社会科学》2012年第1期。

任远：《农村村级社区发展研究》，百家出版社，2014。

萨义德：《东方学》，王宇根译，三联书店，1999。

沈费伟、刘祖云：《村庄重建的实践逻辑与运作模式——以湖州市荻港村为例》，《南京农业大学学报》（社会科学版）2017年第2期。

舒尔茨：《改造传统农业》，商务印书馆，1987。

斯科特：《农民的道义经济学》，程立显等译，译林出版社，2001。

宋伟等：《中国村庄宅基地空心化评价及其影响因素》，《地理研究》2013年第1期。

孙立平、郭于华：《“软硬兼施”：正式权力非正式运用的过程分析》，《清华社会学评论》（特辑），鹭江出版社，2010年第1期。

孙立平：《总体性资本与转型期精英形成》，《浙江学刊》2002年第3期。

孙秋云：《返乡创业群体自治制度下少数民族农村乡村精英与国家间的互动》，http：//www. ccrs. org. cn，2014年6月9日。

王春光：《新生代农村流动人口社会认同与城乡融合关系》，《社会学研究》2010年第3期。

王汉生：《改革以来中国农村的工业化与农村精英构成的变化》，《中国社会科学季刊》1997年第3期。

王浩：《农民工返乡创业人数达450万人》，《人民日报》2016年12月2日，第2版。

王铭铭：《溪村家族：社区史、仪式与地方政治》，贵州人民出版社，2010。

王威海：《摆脱现代社会的两难困境》，辽海出版社，1999。

王西玉等：《打工与回乡：就业转变和农村发展——关于部分农民工回乡创业研究》，《管理世界》2003年第7期。

王兴尚：《论“经济人”的经济伦理德性》，《经济论坛》2004年第9期。

王甬：《农民流动对返乡创业群体自治绩效的影响》，http：//www. ccrs. org. cn，2012年7月10日。

温铁军：《新农村建设理论探索》，文津出版社，2010。

吴晓林、郝丽娜：《“社区复兴运动”以来国外社区治理研究的理论考察》，《政治学研究》2015年第1期。

吴毅、李德瑞：《二十年农村政治研究的演进与转向》，《开放时代》2013年第2期。

吴毅：《村治中的政治人》，《战略与管理》1998年第1期。

武永江：《论导师与研究生情感共同体的构建》，《研究生教育研究》2014年第2期。

项辉、周俊麟：《乡村精英格局的历史演变及现状“土地制度—国家控制力”因素之分析》，《中共浙江省委党校学报》2014年第2期。

项辉：《农村经济精英与返乡创业群体自治》，《社会》2001 年第 12 期。

项辉：《乡村精英格局的历史演变及现状》，《中共浙江省委党校学报》2001 年第 5 期。

谢鸿鹤：《首届中国村官论坛》，湖南大学出版社，2003 年第 25 期。

徐勇：《由能人到法治：中国农村基层治理模式转换》，《华中师范大学学报》（哲社版）1996 年第 4 期。

于建嵘：《黑恶势力是如何侵入农村基层政权的？——对湘南 40 个“失控村”的调查》，《理论参考》2009 年第 4 期。

詹艾斌：《论人的主体性——一种马克思哲学视点的考察》，《社会科学研究》2007 年第 2 期。

詹姆斯·C. 斯科特：《农民的道义经济学：东南亚的反叛与生存》程立显译，译林出版社，2001。

张静：《基层政权——乡村制度问题》，浙江人民出版社，2015。

张奇志：《“老板”参选“村官”透视》，《人民日报》2015 年 7 月 18 日。

赵树凯：《纵横城乡——农民流动的观察与研究》，中国农业出版社，1998。

折晓婴：《社区的实践——超级村庄的发展历程》，浙江人民出版社，2000。

周爱保：《过去经验对内隐社会知觉的影响》，《心理学报》1998 年第 2 期。

〔美〕杜威：《人的问题》，上海人民出版社，1986。

〔英〕齐格蒙特·鲍曼：《流动的生活》，江苏人民出版社，2012。

〔英〕S. E. 芬纳·帕雷托：《社会学著作选》，纽约弗里德里艾·普雷格公司，1966。

〔英〕彼得·德鲁克：《后资本主义社会》，上海译文出版社，1998。

Ahern Emily M. The Cult of the Dead in a Chinese Village. California: Standford University Press. 1973.

Arthur W. Gods, Ghosts and Ancestors. in Arthur W. Religion and Ritural in Chinese Society. California: Standford University Press. 1974.

Baker Hugh. Chinese Family and Kinship. London: Macmillan. 78–142. 1979.

Bernard Gallin.. Hsin Hing, Taiwan: A Chinese Village in Change. Berkeley: University California Press. 89–151. 2013.

Bryce, j, 1959ed. The American Commonwealth NewYork: Putnam's, http: //www. nyguancha. com/bencandy. php? Fid=82&. id=3654.

图书在版编目(CIP)数据

返乡创业群体研究：社会角色重构及其价值实现 / 姜姝著. -- 北京：社会科学文献出版社，2021.9
ISBN 978-7-5201-8922-4

Ⅰ.①返… Ⅱ.①姜… Ⅲ.①创业-群体社会学-研究-中国 Ⅳ.①D669.2

中国版本图书馆 CIP 数据核字(2021)第 169944 号

返乡创业群体研究：社会角色重构及其价值实现

著　　者 / 姜　姝

出 版 人 / 王利民
组稿编辑 / 曹义恒
责任编辑 / 吕霞云
责任印制 / 王京美

出　　版 / 社会科学文献出版社
地址：北京市北三环中路甲 29 号院华龙大厦　邮编：100029
网址：www. ssap. com. cn
发　　行 / 市场营销中心（010）59367081　59367083
印　　装 / 三河市东方印刷有限公司

规　　格 / 开　本：787mm × 1092mm　1/16
印　张：12.75　字　数：207 千字
版　　次 / 2021 年 9 月第 1 版　2021 年 9 月第 1 次印刷
书　　号 / ISBN 978-7-5201-8922-4
定　　价 / 85.00 元

本书如有印装质量问题，请与读者服务中心（010-59367028）联系